피채희의
시크릿 세일즈

S/E/C/R/E/T
S/A/L/E/S

피채희 지음

피채희의 시크릿 세일즈

첫째판 1쇄 인쇄 2014.06.05
첫째판 1쇄 발행 2014.06.09

지 은 이 피채희
발 행 인 이혜미
기   획 전지영
편   집 최서예
모   델 강대호, 조용찬
사   진 조성재
스튜디오 2020스튜디오

발행처 ㈜영림미디어
주소 (121-894) 서울 마포구 서교동 375-32 무해빌딩 2F
전화 (02)6395-0045 / **팩스** (02)6395-0046
등록 제2012-000356호(2012.11.1)

ⓒ 2014년, 피채희의 시크릿 세일즈 / ㈜영림미디어
본서는 저자와의 계약에 의해 ㈜영림미디어에서 발행합니다.
본서의 내용 일부 혹은 전부를 무단으로 복제 혹은 전재를 금합니다.

이 도서의 국립중앙도서관 출판시도서목록(CIP)은 서지정보유통지
원시스템 홈페이지(http://seoji.nl.go.kr)와 국가자료공동목록시스템
(http://www.nl.go.kr/kolisnet)에서 이용하실 수 있습니다. (CIP제어번
호 : CIP2014016326)

*파본은 교환하여 드립니다.
*검인은 저자와의 합의하에 생략합니다.

ISBN 979-11-85834-00-9
정가 12,000원

피채희의
시크릿 세일즈

피채희 지음

| 프로필 |

2014 한국HRD협회 명강사 부문 대상수상
국내최초 이미지컨설턴트 자격증 소지

現) 기아자동차 전임강사
한국이미지메이킹학회 부회장
2013-2014 서울국제모터쇼 전문 프리젠터 이미지코칭
경희대학교 언론정보대학원 전략커뮤니케이션 PR전공
연세대학교 Image making 과정수료
이화여자대학교 Image Consultant Course 수료
CCI 색채연구소 색채 및 퍼스널컬러 전문가과정 수료
현대자동차 그룹 직원 이미지코칭
기아자동차 '피채희와 함께하는 신바람코디 칼럼연재'

뷰티&이미지메이킹 강의 자격사항
이미지메이킹 전문 강사 1급 자격취득(한국이미지메이킹협회)
퍼스널 쇼퍼 자격증 취득(한국퍼스널쇼퍼협회)
뷰디자이머 자격증 취득(사단법인뷰디자이머협회)
메이크업 자격증 취득(한국메이크업직업교류협회)

주요 강의 프로그램

CS & Manner
글로벌 비즈니스매너
명품 서비스 응대법
나를 알아가는 서비스마인드
고객과 함께하는 서비스(CS)
고객 컴플레인 응대법
고객 트렌드와 고객 지향적 서비스
'소비자 행동론'을 통한 고객 분석 전략

Communication
커뮤니케이션 스킬
비언어커뮤니케이션
셀프 리더쉽
한국형 에니어그램
TA로 알아보는 대인관계 전략
DISC로 알아보는 대인관계 전략
스피치커뮤니케이션

IMAGE
성공을 이끄는 Image making
퍼스널 Image making
퍼스널 칼라 스타일 연출
체형에 맞는 스타일 연출
남성, 여성 IMAGE MAKE UP
세일즈맨, 우먼 이미지코칭
중년 남성 스타일 연출

| 추천사 |

인생은 선택이다.
선택하는 권리는 자신에게 있으나,
그 결과는 그 사람의 인생을 결정한다.

개인의 이미지(Image)도 선택이다. 현재 비쳐지고 있는 이미지는 과거의 선택에 의한 결과에 불과하고, 현재의 선택은 미래의 모습을 바꾸어 놓는다.

개인의 이미지는 세 가지로 구분되는데, 내적인 이미지(본질)와 외적인 이미지(현상), 그리고 사회적인 이미지(관계)이다. 앞서가는 세일즈맨으로서의 성과 창출은 관계형성에 의해 좌우된다. 관계가 좋으려면 현상이 전제되어야 하고, 현상이 좋으려면 본질이 전제되어야 한다. 따라서 성공하는 세일즈맨의 가슴 속에는 고객을 향한 열정과 감동의 용광로가 펄펄 끓고 있어야 한다. 이것이 바로 성공하는 세일즈맨의 이미지 메이킹 조건이다.

이미지 메이킹(Image making)이란 개인이 추구하는 목표를 이루기 위해 자기 이미지를 통합적으로 관리하는 행위이다.

이 책 속에는 오랜 기간 동안 교육 컨텐츠 개발과 현장강의를 통해 축적된 저자의 고품격 노하우가 실전적 가치로 고스란히 담겨져 있다.

이 책을 통해서 많은 세일즈맨들이 성공을 선택하고 행복에 다가서기를 기대하는 바이다.

이화여대 이미지 컨설턴트 자격과정 주임교수
김경호 박사

| 여는 글 |

**세일즈맨의 외모, 언어, 행동관리가
성공의 중요한 열쇠이다!**

**당신의 성공적인 세일즈를 위한 이미지를
피채희와 함께 만들어보자.**

성공한 세일즈맨의 공통점은 자기관리는 물론, 고객관리를 전략적으로 한다는 것이다.
이제 당신도 성공적인 세일즈맨이 되기 위한 준비가 필요하다. 지금부터 이 책을 한 장 한 장 넘길 때마다 성공의 계단을 한 계단 한 계단 올라설 것이다.

매일 아침7시 SNS로 사진을 보내오시는 분이 있습니다.
하루도 빼놓지 않고 그날 그날 입어야 할 슈트와 셔츠 사진을 보내며,
"강사님, 오늘은 여성고객을 만나러 갑니다. 잘 어울리나 봐주세요~"
"강사님, 오늘은 남자 CEO고객님을 상담하러 갑니다.
어떤 타이가 좋을까요?"

"강사님, 오늘은 상담했던 고객이 계약한다고 하는데요. 어떤 타이가 좋을까요?"

아침마다 출근 전 울리는 핸드폰 소리가 불편하기도 했지만, 내 교육을 들었던 교육생이, 태어나서 처음으로 외모 관리가 중요함을 느꼈다고 했습니다. 키도 작고, 왜소하고, 단벌신사에 구두굽이 매우 낡은 구두를 신고 있었던 그분이 강의시간 내내 얼굴표정이 굳어있었던 기억이 있습니다.

쉬는 시간, 교육했던 제품을 보며, "이런 건 어디서 사요?", "이건 어떻게 발라야 해요?", "저는 옷을 어떻게 입어야 할까요?" 라는 질문과 함께 이번 교육이 자기 인생을 다시 한 번 돌아보게 되는 계기가 되었다며, 앞으로 외모관리를 잘하고 싶다는 말과 함께 강사님을 귀찮게 해도 용서하라는 메시지를 남기고 교육장을 떠났던 그 분에게 코칭을 해드린 6개월 동안, 많은 변화가 있었고, 영업실적을 올리는데도 도움이 많이 되었다며, 고마움을 표시했던 그 수강생이 가장 기억에 남습니다.

그 이후로 좀 더 제가 가지고 있는 긍정적인 역량을 많은 세일즈맨들과 함께 나누고 싶었습니다.

실제로 제 도움의 손길이 필요한 분들이 많으셨고, 한 분 한 분 코칭을 해드릴 때마다 변화되는 모습과 세일즈에 도움이 되었다는 답변을 받을 때 제가 하는 일이 정말 소중하게 느껴졌으며, 더 많은 손길이 필요한 곳을 찾아 다니며, 이미지 관리에 대한 중요성에 대해 홍보를 하기 시작했습니다. 응용도 해보고, 창의적인 교육방법도 구상해보고, 그렇게 해 온 열정이 지금의 저를 만든 것 같습니다.

이 책을 출간하게 된 계기도 그렇게 저를 지지해주신 수 많은 교육생 분들과 저의 은사님이신 김경호 교수님, 그리고 언제나 늘 함께 옆에서 힘이 되어준 분들이 있었기에 용기를 낼 수 있었습니다.

이 책을 선택해 주신 모든 독자분들에게 자신 있게 권해드립니다.
세일즈는 자기 자신을 파는 직업입니다. 어떻게 입었느냐, 어떻게 말했느냐, 어떻게 행동했느냐에 따라서 고객이 느끼는 신뢰감은 곧 판매로, 실적으로 연결됩니다.

유능한 세일즈맨은 언제나 자기 자신에 대해서 철저하며,
준비하는 사람입니다.

이 책이 대한민국 모든 세일즈맨들의 기본서가 되길 바라며
언제나 여러분과 함께 노력하는 피채희가 되겠습니다.

아울러 언제나 늘 멋지다고, 최고라고 말해주는
MY SUN 김신우에게 첫 책의 감사함을 전합니다.

피채희 드림

| 목차 |

Part 1 〈세일즈맨 사전준비〉

Chapter 1. 마음가짐

020 · 01 세일즈 전문가의 마음가짐

Chapter 2. 슈트

024 · 02 슈트를 근무복으로 입어라
042 · 03 판매왕이 되려면 면셔츠를 입어라
052 · 04 넥타이는 당신의 전략이다
064 · 05 구두는 당신의 인상이다

Chapter 3. 소품

072 · 06 남자는 소품이 강해야 한다
079 · 07 계약서가 준비된 비즈니스가방이 준비되었는가
084 · 08 당신의 계약서 무엇으로 사인 받고 싶은가
086 · 09 명함 지갑은 당신의 얼굴이다
089 · 10 얼굴형에 어울리는 안경보다 세일즈에 어울리는 안경을 쓰자

Chapter 4. 관리

094 · 11 호감을 불러일으키는 헤어스타일
102 · 12 깨끗한 피부는 호감을 불러온다

Part 2 〈세일즈맨 고객만남〉

- 110 • 01 사람들은 편한 사람을 좋아하며, 불편한 사람을 싫어한다
- 116 • 02 고객을 방문할 때는 기본 매너에 충실하자
- 119 • 03 Take하기 전에 Give를 먼저 하자
- 123 • 04 몸짓언어를 잘하면 성공지수가 올라간다
- 131 • 05 고객의 기억 속에 오래도록 남는 세련된 매너를 알아두자
- 138 • 06 주고도 욕먹지 않는 선물매너를 지키자
- 142 • 07 친절한 고객은 친절한 내가 만든다
- 146 • 08 고객성향별 만남 노하우를 터득하라
- 150 • 09 공감대화법은 세일즈맨의 필수 표현법이다
- 151 • 10 마지막을 잘하는 세일즈맨 성공지수가 높다

Part 3 〈평생고객 만들기〉

- 156 • 01 나를 잊지 말아요~DM
- 158 • 02 문자와 SNS를 구분해서, 하지만 문자는 전략적으로 같은 시간대에
- 160 • 03 메일은 제목이 중요하다
- 162 • 04 실적이 좋은 세일즈맨의 비밀 손 편지에있다

PART 1
세일즈맨 **사전준비**

Part 1_ 〈세일즈맨 사전준비〉

Part 2_ 〈세일즈맨 고객맞이〉

Part 3_ 〈평생고객 만들기〉

S e

Secre

고객을 만나기 전
세일즈맨이 갖추어야 할 요소

준비가 잘된 세일즈맨에게는 성공이 자연스럽게 따라오고 사전준비는 고객에게 신뢰감을 주어, 좀더 완벽한 모습을 느끼게 한다.
외모관리란 그런 것이다. 외모관리는 부지런해야 자신을 가꿀 수 있는 것이다. 고객을 만나는 사람이라면 조금 더 자신을 가꿀 수 있어야 한다.

사전준비 요소

마음가짐, 슈트, 셔츠, 타이, 구두, 양말, 시계, 벨트, 만년필, 가방, 명함지갑, 헤어스타일

Chapter 1
마음가짐

Chapter 1
마음가짐

1. 세일즈 전문가의 마음가짐

과거의 세일즈가 특정인이 특정물건을 판매하기 위한 하나의 방법을 직업으로 선택했다면, 현재의 세일즈는 매우 전문적이고, 아무나 하는 세일즈에서 아무나 할 수 없는 세일즈로 전문영역을 넓혀 가고 있다. 과거의 영업방식이 제품을 적절하게 설명하고 고객과의 친분관계를 유지하며 관계형성에만 치중했다면, 이제는 전문가의 영역을 넘어 고객의 라이프스타일도 함께 할 수 있는 컨설턴트의 영역을 넘나들고 있다. 그렇기에 고객입장에서 생각해본다면 이미지관리가 잘되어 있는 세일즈맨이 고객관리도 잘한다고 생각할 수 있고, 외적인 이미지에서 조금 더 완벽한 세일즈맨이 고객과의 관계에서도 긍정적인 소통을 이끌어갈 수 있다고 본다. 이제부터 세일즈맨이 아닌 세일즈 전문가라는 타이틀을 달아보자. 이 영역에서는 '내가 최고'라는 마음으로 전문가적인 상품지식과 그 지식을 고객에게 쉽게 설명하고, 상품에 맞는 이미지관리를 하여 전문가다운 모습으로 거듭나보자.

cret Sales

Chapter 2
슈트

Chapter 2
슈트

2. 슈트를 근무복으로 입어라

세일즈맨의 기본복장은 한 벌로 된 슈트라고 할 수 있다. 자동차를 판매하는 세일즈맨이 편한 면바지를 입고 고객을 만난다면 고객은 계약서에 흔쾌히 서명을 할 수 있을까? 예를 들어 자동차라는 제품은 소비자 관여도 중 고관여 제품군에 속한다. 적게는 천 만원에서 많게는 수억까지 하는 이 제품을 판매하면서 고객이 느끼는 세일즈맨의 신뢰감 있는 이미지를 생각해야 한다. 그러므로 세일즈맨의 기본은 신뢰감이고, 신뢰감을 줄 수 있는 이미지는 한 벌로 된 슈트라는 것을 잊지 말자. 세일즈맨은 슈트를 좀더 전략적인 근무복으로 선택해야 한다.

1) 슈트의 기본원칙은 군더더기 없는 깔끔함에 있다

남자의 카리스마와 멋을 가장 잘 표현해주는 옷은 슈트이다. 말끔하게 차려 입은 슈트 한 벌은 세일즈맨의 매력을 돋보이기에 충분하다. 그러나 매력적으로 보일 수 있는 슈트라 할지라도 주름이 지거나 자신의 몸보다 헐렁거려서 바지통이 크고, 바지 기장이 길다면 가지고 있는 기본적인 매력을 떨어뜨릴 수 있다. 요즘 4, 50대 중 장년층도 멋내기 열풍에 한창이다. 이들이 선호하는 것 중에 하나가 바지 기장을 기존길이보다 짧게 하고 뒤트임이 있는 셔츠를 입는 것이다.

군더더기 없이 깔끔하게 연출하기 위해서 당신이 지금 당장 해야 할 일은 무엇일까? 장롱 속을 열어 여러해가 지난 오래된 슈트는 과감히 분리 수거함에 버리고, 내 몸에 맞는 옷을 구매하거나 기존에 입던 바지 기장을 깔끔하게 잘라보는 것이다.

cret Sales

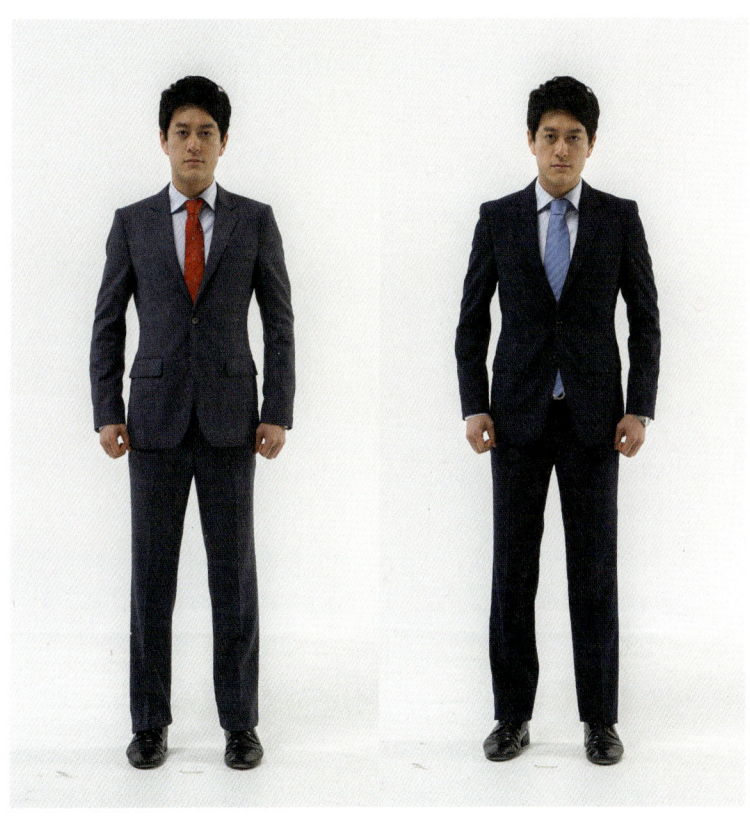

슈트를 군더더기 없이 깔끔하게 입는 Tip

1. 슈트를 몸에 핏에 맞게 입자.
   헐렁거리지 않게 입는 것이 중요하다.

2. 바지 폭과 기장을 줄여보자.

3. 주름지지 않게 2벌의 슈트를 번갈아
   가며 입고 보관법을 알아두자.

2) 고객의 눈높이에 맞춰 신뢰감을 줄 수 있어야 한다

세일즈맨은 옷도 전략적으로 입어야 함을 잊지 말자!

전략적인 옷차림 중 가장 중요한 것은 고객의 눈높이에 맞추어 외모관리에 들어가는 것이다. 그렇기에 고객을 찾아갈 때도 고객의 상황을 고려하여 옷차림을 다르게 하고 가야 한다. 예를 들어 같은 제품을 판매하더라도 도심지에 있는 직장인 고객과, 시골에서 농사짓는 고객, 가내수공업을 하는 고객, 장사하는 고객 등 맞이할 때의 차림새가 달라야 한다는 것이다. 한 벌의 정돈된 슈트를 입더라도 샐러리맨고객에게 방문할 때는 업무중간에 상담할 일이 많고 그들에게 비춰지는 모습은 최소한 그들과 같은 이미지여야 한다는 것이다. 그렇다고 시골에서 농사짓는 고객에게 갈 때 대충 입고 가라는 것이 아니다. 슈트 한 벌을 입더라도 넥타이는 빼고 구두보다는 일손을 도와줄 수 있는 운동화 차림새로 가는 것이 조금 더 신뢰감을 줄 수 있다는 것이다. 특히 패션이나 디자인회사에 다니는 고객을 만난다면 조금 더 세련된 이미지를 연출해야 하며, 여성고객을 만날 때면 넥타이나 헤어스타일을 부드럽고 감성적으로 연출해야 한다. 이것은 설득의 심리 중 '호감의 법칙'을 이용한 고객관심 끌기라고 볼 수 있다. 호감의 원천은 첫 번째 신체적 매력이 끌려야 하고, 두 번째 사소한 공통점이 호감을 갖게 한다는 것을 잊지 말자.

〈호감의 법칙〉
"사람들은 자신과 비슷한 사람을 좋아하는 본능적인 성향이 있으며, 자신과 연관이 있는 것에 끌리는 경향이 있다. 즉, 비슷할수록 끌린다는 것이다."
- 로버트치알디니 -

3) 신뢰감을 줄 수 있는 슈트의 기본원칙

남성복의 핵심은 자신의 체형에 맞는 옷을 잘 선택하는 것이다. 특히, 슈트의 라펠크기로 얼굴이 작아 보일 수도 있고 커보일수도 있다는 것을 명심하자. 슈트는 입는 사람에 따라 조금씩 차이는 있으나 기본적인 원칙은 비슷하다고 볼 수 있다. 이제부터 슈트를 입을 때 알아야 할 기본원칙을 알아보자.

첫째. 핏(Fit)을 살려 입자

슈트재킷은 엉덩이의 1/2정도를 가리는 것이 정석이다. 재킷의 길이가 엉덩이를 모두 덮어버리면 상체가 길어 보일 수 있고 다리는 짧아 보일 수 있다. 재킷의 길이가 엉덩이 위로 올라가면 당신의 치부를 모두 드러내 매력도가 떨어질 것이다. 재킷의 길이는 엉덩이를 1/2정도 가리는 것이 법칙인 것을 명심하자.

cret Sales

<u>사소한 차이가 명품을 만든다</u>

둘째. 1.5법칙을 기억하자

슈트를 입을 때 꼭 기억해야 하는 것은 소매길이, 카라길이다. 셔츠는 슈트보다 1.5cm 나오는 것이 단정해 보이고 세련되어 보이며, 카라의 깃보다 셔츠의 목둘레 깃이 1.5cm 나와있어야 품위가 있어 보인다. 보통 1.5cm에서 2cm 사이라고 하지만, 2cm는 너무 셔츠가 부각되어 보이기 때문에 슈트의 세련됨이 덜 표현될 수 있다. 1.5법칙은 당신의 매력을 한층 더 높여준다는 것을 기억하자.

셋째. 경쟁력 있게 입길 원한다면 차콜그레이를 입자

차콜그레이는 통상 짙은 회색이나 먹색이라고 보면 된다. 검은색과 비슷하기도 하지만 색감의 깊이 감이 다르고, 사람을 차분하게 보이게 하는 묘한 매력이 있다. 즉 차콜그레이 칼라의 가장 큰 장점은 포멀한 매력과, 차분함이다. 두 번째 장점은 그 어떤 칼라와도 잘 어울린다는 점이다. 차콜그레이는 색상환에서 보면 무채색에 들이긴다. 무채색 칼라 중 회색이 지닌 속성은 어느 칼라와 매치해도 잘 어울리고, 강한 색상의 넥타이 또는 아주 화려하고 부담스러운 넥타이칼라와도 함께 매치할 때 강한 느낌을 차분하게 눌러주는 효과도 있다.

슈트 전문가들은 출장을 갈 때 한 벌의 슈트만 가져가야 한다면 차콜그레이 슈트를 가져가라고 말한다. 그만큼 어떤 칼라든 잘 매치되는 마법 같은 이미지가 있다. 성공하고 싶다면 성공한 사람처럼 입어라라는 말도 있듯이 주변을 둘러보면 정치인이나, CEO들은 슈트를 입을 때 차콜그레이 칼라를 많이 선호하며 실제 압구정 명품관 남성슈트를 둘러보면 대부분의 명품슈트의 칼라는 차콜그레임을 명심하자. 진짜 멋쟁이는 네이비보다 차콜그레이를 입는다. 또한 편안함과 신뢰감을 주는 최상의 칼라임을 잊지 말자.

cret Sales

주황, 빨강, 블루 등 차 콜그레이 슈트에는 어떠한 색의 넥타이도 잘 어울린다.

넷째, 바지 기장은 당신의 나이를 말해준다

과거 슈트를 입을 때 바지 기장은 구두를 많이 덮었지만 현재의 슈트는 시대의 반영에 따라 슬림 해지고 몸에 맞게 입는 추세이다. 슈트의 바지가 구두를 모두 덮는 길이는 단정해 보이지 않는다. 그렇다고 너무 짧으면 의자에 앉을 때나 책상의자 앞을 때 쑥 올라가버리기 때문에 적당한 길이 감을 갖추는 것이 좋다.

바지길이가 멈추는 곳에서 스타일이 시작된다는 말이 있다. 바지가 턴 업(바지 밑단이 접히는 것)이 아닐 때는 구두 등을 살짝 덮는 정도가 적당하며, 바지 밑단이 조금의 여유도 없이 딱 떨어진다면 너무 짧아 불편할 수 있다. 발목쯤에서 바지가 살짝 툭 얹어져 있는 느낌으로 바지기장을 조절하자.

요즘 중 장년층에서도 바지 기장을 조금 더 짧게 입기 위해서 뱃살도 빼고, 몸매관리에 열중인 사람들이 많다고 한다. 그만큼 바지길이는 시대상을 반영한다고 볼 수 있다. 헐렁해 보이고 크게 입던 바지 기장을 슬림하고 딱 떨어지게 입는 것이 세련되어 보이고 단정해 보인다는 것을 잊지 말자.

당신은 30대의 젊은 세일즈맨처럼 보이고 싶은가? 아니면 나이가 들어 보이고 싶은가? '늙어 보이면 지는 것이다' 라는 말도 있듯이 젊고 세련되게 보이고 싶다면 지금 당장 바지 기장을 각자의 체형에 맞추어 잘라보자.

cret Sales

다섯 번째. 슈트의 디테일 체형별 벤트(트임)연출

슈트의 디테일만 완벽하게 연출해도 슬림해 보이고 남자다워 보일 수 있다. 그것은 슈트의 디테일 중 뒤트임 즉, 벤트의 역할이 매우 크다. 벤트의 종류는 양쪽으로 트임이있는 사이드벤트와, 트임이 가운데 하나있는 센터벤트가 있다. 체격이 있고, 배가 나왔다면 트임이 가운데 하나인 센터벤트를 입어보자. 허리부분을 강조하지 않기 때문에 슬림해 보이는 효과가 있다. 또한 트임이 양쪽으로 있는 사이드벤트는 체형이 마른 사람이 입으면 트임이 둘로 나누어져 있어 뒷모습이 풍성해 보이는 효과를 볼 수 있다.

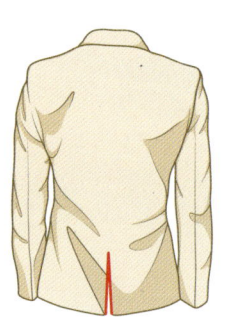 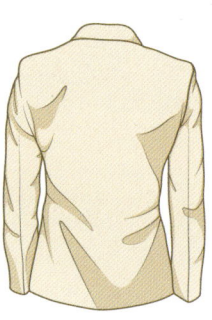 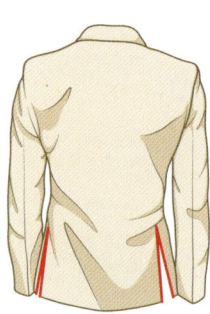

센터 벤트   노 벤트   사이드 벤트

cret Sales

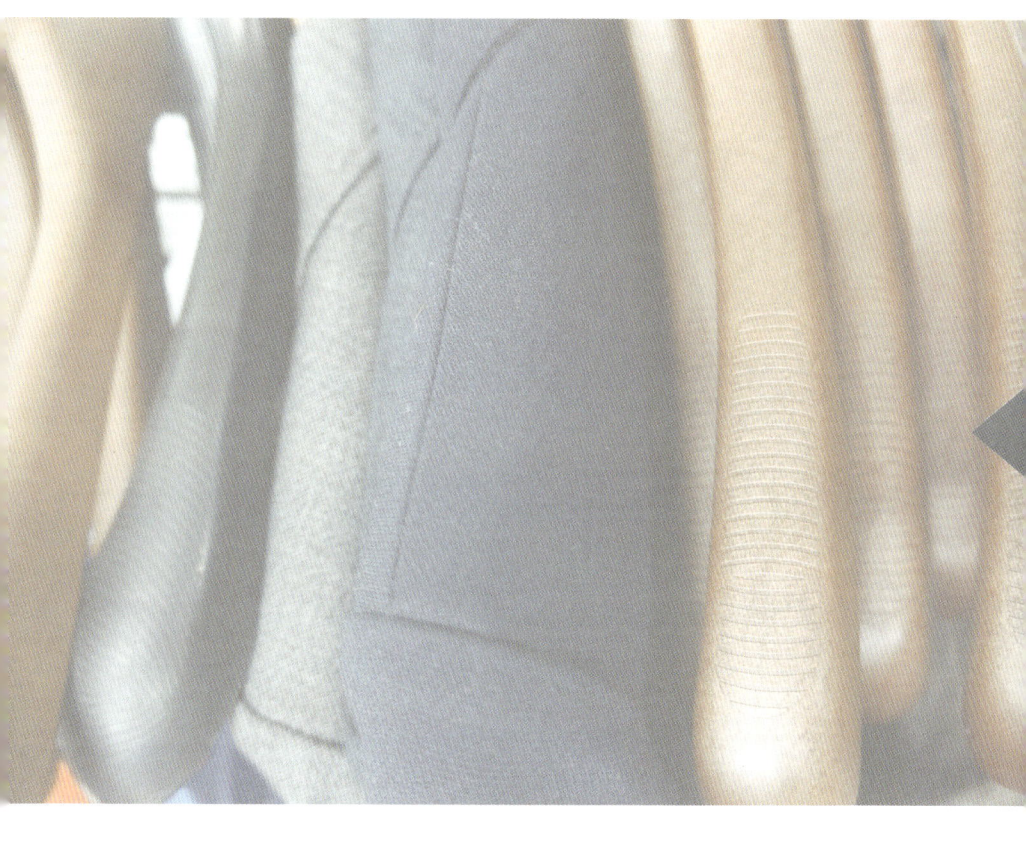

Part 1_ 〈세일즈맨 사진준비〉

4) 오빠와 아저씨를 구분 짓게 만드는 슈트스타일

당신은 지금의 나이보다 10년 더 젊게 보이고 싶은가? <mark>오빠처럼 보이고 싶은가?</mark>
아니면 지금 나이보다 더 들어 보이고 싶은가?
당신은 세련되고 품위 있게 보이고 싶은가? <mark>아저씨처럼 보이고 싶은가?</mark>
아니면 평범한 아저씨처럼 보이고 싶은가?

요즘 트랜드로 남자들 사이에서 '그루밍족'이라는 말을 많이 듣게 된다. 일부 패션업계나 화장품회사에서도 그루밍족을 상대로 상품을 내놓고 있다. 즉, 외모와 패션에 아낌없이 투자하는 남자를 일컬어 '그루밍'이라는 신조어가 탄생되었다. 그루밍의 사전적인 뜻은 '몸치장, 옷차림'또는 '손질'이라고 하는 의미로서 '단정한 몸가짐'이라는 의미로 사용되기도 한다. 이렇게 젊은 남성들 사이에서 외모를 가꾸고 패션에 투자하는 남성들이 늘어나면서 남성들의 패션시장도 한층 더 넓어지고 있다. 그렇다면 어떻게 그루밍족 대열에 당신도 낄 수 있을까? 일단 <mark>슈트를 몸에 꼭 맞게 입어보는 것이다.</mark> 특히 자켓을 몸에 딱 맞게 입어보거나, 바지기장을 기존에 있던 차림새보다 조금 짧게 입어보자. 또한 재킷가슴 주머니에 꽂는 포켓치프, 왼쪽 상단 단춧구멍에 꽂는 부토니에르 등 예복에서나 볼 수 있었던 장식적 요소를 슈트에 적용해보는 것이다.

cret Sales

꼭 맞게 입은 슈트   헐렁하게 입은 슈트

5) 세일즈맨이여 전문가처럼 보여야 한다 은갈치는 입지말자

은갈치, 먹갈치 라는 말이 있다. 물론 공식적인 슈트를 일컫는 명칭은 아니지만, 일반적으로 은색의 번쩍번쩍한 느낌을 은갈치슈트라하고, 먹색의 칼라에 번쩍번쩍한 느낌의 소재를 먹갈치라고 편하게 부르고 있다. 서양사회에서는 절대 입지 않는 슈트 중 하나가 은갈치라고 볼 수 있다. 슈트는 최대한 입는 사람의 이미지를 고려해야 하며, 직업과 자기가 하는 일에 맞추어 적당히 플러스 해야 하는 부분이 있고, 기본적인 것만 해야 하는 요소가 있다. 특히 세일즈맨에게 슈트는 근무복이라고 위에서 말했듯이, 우리는 슈트를 근무복으로 입어야 하며 멋내기의 하나의 요소보다는 고객을 만날 때 신뢰감 있는 이미지가 우선시 되어야 한다. TV를 보면 유명한 연예인이 은갈치칼라의 화려한 느낌의 슈트를 입고 나오는 경우가 종종 있다. 빨간색 레드까펫에서 너무도 잘 어울리는 은색, 먹색의 슈트는 반짝거리는 요소가 더해서 고급스러움까지 자아낸다. 하지만 '일반적이지 않다' 라는 것을 명심해 두자. 고객에게 신뢰감 있는 이미지를 보여주기 위해서는 옷이 먼저 눈에 들어오면 안 된다. 그렇기 때문에 단정하고 튀지 않게 입는 것이 중요하다. 은색(은갈치)의 번쩍거리는 슈트는 비즈니스 정장에 적합하지 않음을 기억하자.

cret Sales

3. 판매왕이 되려면 면셔츠를 입어라

1) 면셔츠는 당신이 어떤 사람인지를 말해준다

셔츠는 슈트를 입는 남자라면 항상 입는 필수적인 의상 중 하나이다. 슈트 안에 입는 것이지만 핏이 잘 살아야 하기 때문에 남자의 셔츠를 고를 때는 재질을 많이 고민해야 한다. 특히 100%면보다는 폴리 15%, 면 85% 정도가 섞여있으면 구김도 덜 가고 조금 더 세련된 재질로 연출이 가능하다.

남자의 자존심은 슈트와 셔츠와 넥타이가 만나는 V존에 있다는 말이 있듯이 슈트 착용시 슈트 안에 입는 셔츠는 질 좋은 면 셔츠를 입어야 땀 흡수도 잘되고, 넥타이를 맨 느낌도 깨끗해 보일 수 있다.

셔츠는 과거 전쟁터에서 속옷대용으로 나누어주던 군용 셔츠에서 유래되었다. 과거 19세기 후반 영국해병들이 입던 셔츠에서 좀더 편리하게 진화된 것이 셔츠에 V넥을 파고 소매 단에 단추를 달았던 것이 오늘날의 슈트 안에 입는 와이셔츠가 되었고, 이후 병사들의 겨드랑이 땀이 햇볕에 노출되어 잘 타는 것을 방지하기 위해 면 셔츠가 탄생되게 되었다.

병사들이 집으로 돌아가서 전쟁 시에 입었던 면셔츠가 활용도가 좋다 보니, 각자 가지고 있는 옷에 받쳐입기 시작하면서 오늘날의 드레스 셔츠가 탄생되었다고 해도 과언은 아니다. 특히 셔츠를 고를 때에는 땀 흡수가 잘되는지를 봐야 하며, 원단의 질이 남자의 자존심이라는 것을 잊지 말자!

cret Sales

2) 셔츠 깃으로 얼굴이 작아 보일 수 있다

예능인으로 한참 인기를 올리고 있는 강호동씨와 유재석씨를 비교했던 사진이 인터넷에 한동안 떠돌아 다녔던 적이 있었다. 특히 강호동씨는 전체적으로 체격이 있고 특히 얼굴과 머리부분이 상대적으로 큰 것에 비하여 입고 있던 연미복의 셔츠의 깃은 와일드하게 각도가 120도 벌어진 윈저스타일의 셔츠였다면, 유재석씨는 전체적으로 마른 체격을 가지고 있고, 목 부위와 얼굴부위가 매우 말랐음에도 불구하고 셔츠 깃이 긴 와이드 스프레드 카라 스타일을 선택하여 입었던 사진이 인터넷상에 떠돌아 강사들 사이에서 이미지메이킹 교육사진으로 유용하게 쓰였던 적이 있었다. 남자의 셔츠는 얼굴형의 단점을 커버하고, 최대한 장점을 부각시켜가며 입어야 하는데 두 사람의 코디는 완벽하지 못했던 것 같다. 이렇듯, 셔츠를 입을 때에는 자신의 얼굴형과 체격조건에 맞추어 선택을 잘해야 한다. 셔츠의 카라 부분이 얼굴형을 작아 보이게 할 수도 있고, 크게 더 부각시킬 수도 있다는 것을 명심하자.

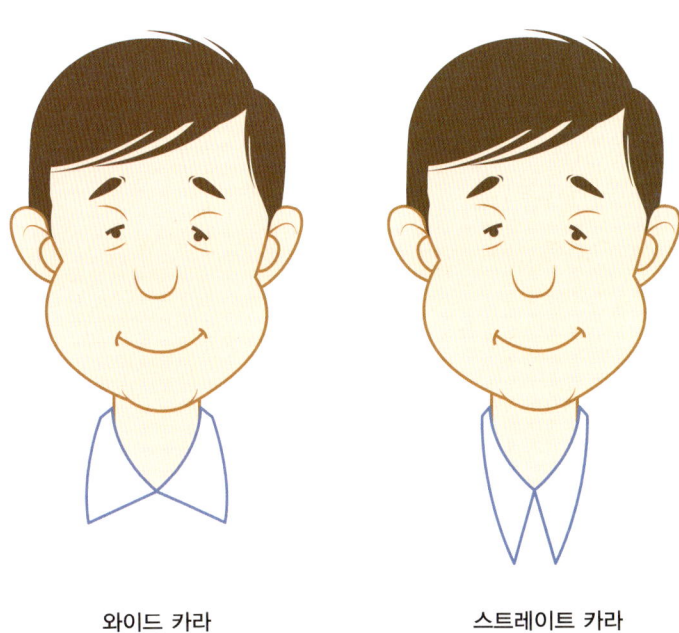

    와이드 카라   스트레이트 카라

그림처럼 똑같은 크기의 얼굴이라 해도 얼굴 아래 넓게 벌어진 카라와 좁게 벌어진 카라의 사이즈에 따라 얼굴이 크게 보이기도 하고 작게 보이고 한다. 즉, 얼굴형이 크고 동그란 사람은 와이드카라보다는 스트레이트카라로 연출하는 것이 더 작게 보일 수 있고, 얼굴이 작고 마른 사람은 와이드카라를 연출하는 것이 체형에 더 세련되게 어울린다.

카라의 종류

윈저(와이드) 카라

멋쟁이 윈저공이 디자인한 카라모양으로 카라의 스프레이드 각도가 120도에서 180도까지로 넓습니다. 드레시한 느낌을 주며 넥타이의 매듭도 약간 넓은 와이드 노트를 사용하는 것이 좋습니다.

레귤러 카라

가장 무난하고 용도가 넓은 기본 스타일. 누구에게나 어울리고 어떤 스타일의 수트와도 무난하게 조화된다.

탭 카라

윈저공이 미국 방문 때 처음 입은 것인데 넥타이 매듭을 깔끔하고 편안하게 하기 위해 양깃을 끌어 당겨둔다.

버튼다운 카라

영국의 폴로선수들이 경기 때 카라가 바람에 날리지 않도록 카라 끝에 단추를 달았던 폴로셔츠(옥스포드셔츠)를 JohnBook이 1900년 드레스셔츠에 원용한 것이다.

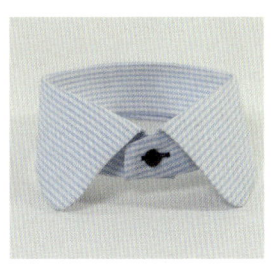

캐쥬얼셔츠 카라

일반적으로 캐쥬얼하게 입는 면셔츠에 많이 사용되는 카라, 편한 폴로바지에 매치하면 좋다.

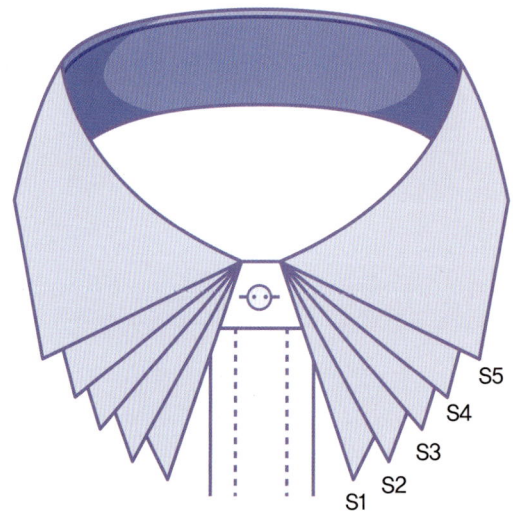

- 얼굴이 큰 사람 – S4 와이드 스프레드 카라. 슈트와 가장 궁합이 좋은 클래식한 카라이다.
- 얼굴이 작고 목이 가는 사람– S3 레귤러 카라를 변형하여 끝이 5~6센티미터 짧게 하고, 깃 양끝의 각도가 80도 정도로 벌어지게 한다.
- 어깨가 좁은 사람 – S1 롱카라를 선택하고 부드러운 실크 넥타이를 코디하면 조금 더 우아해 보일 수 있다.
- 목이 길고 턱 선이 뾰족한 사람 – 핀홀카라로 우아함을 연출한다. 단 핀홀카라는 얼굴형이 둥근 사람이 입으면 더 답답해 보일 수 있으니 주의하자.

3) 슬림셔츠를 시도해보자

슬림셔츠란 일반적으로 입는 셔츠보다 통이 훨씬 좁은 셔츠를 말한다. 특히 슬림셔츠를 입을 때에는 신축성이 있는 스판셔츠를 선택하는 것이 좋다. 최근 인터넷상에 '오빠와 아저씨의 차이' 라는 재미있는 비교 사진이 떠돌아 다닌다. '오빠는 슬림셔츠를 입지만 아저씨는 통이 크고 어깨 선이 내려온 셔츠를 입는다.' 이렇게 쓰여있던 글을 본적이 있다. 물론 누군가 웃자고 만든 글이겠지만, 그만큼 시대상을 반영하는 듯하다. 과거에 비해 요즘 젊은이들은 슬림셔츠를 선호한다. 몸매를 잘 드러내주기도 하지만, 슈트를 입었을 때 좀더 스타일리시한 모습들을 보일 수 있기 때문이다. 특히 배가 나온 중년이라면 소화하기 힘들겠지만, 소재를 스판이나, 좀 더 신축성이 있는 소재감을 선택하면 충분히 소화가 가능하다.

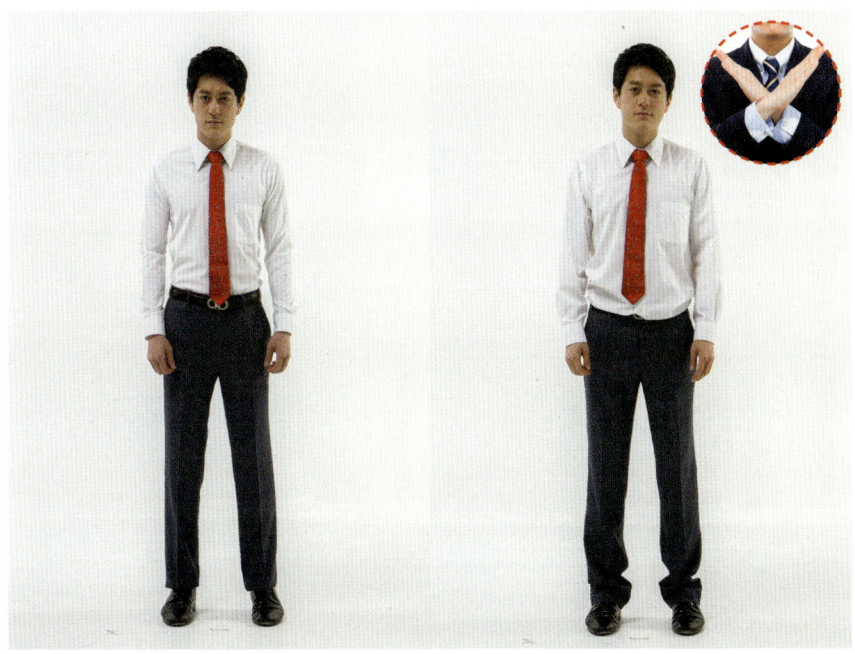

슬림셔츠   통 큰 일반셔츠

4) 셔츠의 색깔은 두 가지만 입어라

앞서 말했듯이 우리는 옷을 전략적으로 입어야 한다고 했다. 특히 세일즈를 하는 사람이라면 더 그래야만 한다. 즉, 옷이 되지 말고 내가 되어야한다는 것을 명심하자. 우리가 고객을 만날 때 슈트를 입는다는 것은 좀더 신뢰감을 주기 위함이라는 것도 잊지 말자. 요즘 맞춤셔츠 매장이나 일반매장에 가보면 화려한 실크소재의 여러 가지 셔츠들이 많이 나와있다. 하지만 우리가 선택해야 하는 것은 깨끗한 도화지처럼 위에 그림을 그려도 예쁠 그런 칼라를 선택해야 한다. 깨끗한 도화지란 셔츠를 의미하는 것이며 여기서 그림이란 당신이 전략적으로 고객 앞에 설 때 매야 할 넥타이를 의미하는 것이다. 그렇기 때문에 깨끗한 도화지 역할을 하는 셔츠는 너무 화려한 느낌보다 깨끗하게 입는다에 초점을 주자. 따라서 셔츠를 고를 때에는 하얀색셔츠와 스카이블루 정도의 블루셔츠 두 가지 칼라만 선호하는 것이 좀더 세일즈맨들에게 전략적으로 옷을 코디 할 수 있는 방법이라고 할 수 있겠다.

cret Sales

│ Tip

- **슬림셔츠** – 일반셔츠보다 통이 좁은 셔츠이다.
- **스판셔츠** – 면스판 재질의 셔츠로 늘어나는 특성이 있다.
- **일반셔츠** – 면폴리 혼방셔츠가 일반적이다.
- **드레스셔츠** – 슈트 안에 입는 셔츠를 총칭하는 대표적인 셔츠이다.
- **캐주얼셔츠** – 청바지와 면바지에 입는 일반적인 폴로셔츠이다.

4. 넥타이는 당신의 전략이다

2011년 5월 5일 KBS 민경욱 앵커가 뽀로로 넥타이를 매고 뉴스를 진행해서 화제가 되었었던 적이 있다. 그 당시 아이들에게 뽀로로는 대통령을 지칭한 뽀통령까지 나올 정도로 아이들에겐 최고의 인기 만화캐릭터이다. 또한 민경욱 아나운서는 그 당시 소말리아해적에게 피랍된 금미호 선원들의 무사귀환을 바라며 뉴스진행에서 노란색 넥타이를 매고 뉴스를 진행하기도 했다. 여기서 민 아나운서가 연출한 노란색 카라의 심리적 의미는 희망이라는 의미가 담겨 있다. 이렇듯 우리는 넥타이 하나를 연출하더라도 그에 맞는 의미와 목적을 분명히 가지고 하는 것과 그렇지 않은 것은 큰 차이가 있다는 것을 잊지 말자.

1) 남자는 V존이 생명이다

넥타이는 남자에게 있어 섹시함, 세심함, 대범함, 또한 당신이 어떤 일을 하는지 말해 줄 수 있는 중요한 아이템 중 하나다. 그렇기에 옷을 잘입는 멋쟁이들은 다른 어떤 아이템보다 넥타이에 더 공을 들인다. 특히 V존은 슈트와 넥타이와 셔츠가 만나는 곳으로 3가지 이상의 칼라가 조합되면 복잡해 보일 수 있다.

고객을 만나러 갈 때 가장 임펙트있게 들어오는 곳도 V존이다. V존이 깔끔해야 군더더기가 없어 보이고, 무엇인가 내가 하는 말을 잘 들어줄 것 같은 이미지와 신뢰감까지 묻어갈 수 있다. 그렇기에 세일즈를 선택한 사람이라면 특히 V존에 공을 들여야 한다.

옷은 아래로 갈수록 어둡게 위로 갈수록 밝게 입어야 한다. V존의 셔츠는 밝은 칼라를 선택하고 넥타이는 슈트 칼라에 맞추어 선택하는 것이 좋으며, 전략적으로 매야 할 때는 고객의 상황에 맞추어 칼라를 선택하는 것도 좋은 방법이다.

잊지 말자! 남자는 V존이 생명이다!

V존 역삼각형을 맞춰라
라펠·셔츠·넥타이의 'V존(zone) 법칙'

2) 넥타이란 셔츠에 메이크업 하는 것이다

여성들의 메이크업 상태를 보면 그날의 기분과 또한 그 여성이 오늘 무엇을 할 지가 보인다. 그만큼 메이크업이 화려하면 그날은 무엇인가 행사가 있거나 중요한 모임이 있을 거라 생각되고, 수수한 메이크업을 했을 때에는 남자친구를 만나러 갈 것 같은 이미지를 풍기듯, 남자의 넥타이는 셔츠 위에 메이크업을 하는 것이라 생각하면 된다.
어떤 넥타이를 선택했느냐에 따라서 오늘 만나는 고객이 달라지고, 어떤 고객을 만나느냐에 따라서 넥타이의 칼라가 바뀌어야 한다.

3) 블루와 레드에 숨어있는 당신의 전략 (고객별 넥타이칼라 연출법)

오늘 당신은 어떤 고객을 만나러 가고 있는가? 오늘 당신은 혹 그 고객과 잘되어 계약서를 쓰러 가고 있는가? 아니면 소개를 받고 만남의 준비를 하고 고객에게 달려가고 있는가? 계속해서 언급하지만 옷은 전략적이어야 한다는 것을 명심하자.

어떻게 보이고 싶은가? 또 어떤 사람으로 보이고 싶은가? 상대방에게 자신이 원하는 이미지를 그려보고 그에 맞는 연출을 하는 것이 고객을 만나는 사람이라면 해야될 필수조건 중 하나이다. 색이 곧 메시지다라는 말이 있듯이 넥타이 하나에도 메시지를 실어보자.

소개받은 고객을 만나러 갈 때는 블루계열의 넥타이를 연출하자. 파랑은 정직하고 성실한 사람으로 당신을 비춰줄 것이다. 파란색은 기분을 차분하게 만들고 흥분한 사람을 조금 더 냉정하게 만드는 자체의 색이라고도 한다. 신뢰의 대표적인 표본이기도 하다. 비즈니스와 관련된 거래를 채결하는 장소에서 조금 더 성실하게 보이고 싶다면 꼭 블루타이를 연출하자.

소개받은 고객과의 상담이 잘 이루어져 계약서에 사인하러 갈 때는 레드타이를 연출하자. 빨강은 주의를 끌거나 강조하고 싶을 때 나타내는 색으로 상대에게 강한 느낌을 어필할 수 있다. 상담이 잘 이루어져서 계약서에 사인할 때쯤, 고객들은 심경에 변화를 일으킬 수 있다. 이 때 조금만 더 생각해볼게요~라는 이야기를 건넬수도 있다고 가정한다면, 당신이 빨간색 넥타이를 매었을 때 이미지에서 나오는 강렬함과, 강조되는 메시지들을 고객입장에서 바라볼 때는 거절할 수 없는 이미지가 나올 수 있다. 물론 심리적인 느낌이지만, 빨강이 가지고 있는 심리적 효과가 이렇다면 한번 매볼 만하지 않은가? 꼭 기억하자. 계약서에 사인을 받으러 갈 때는 빨강색 넥타이를 매보자.

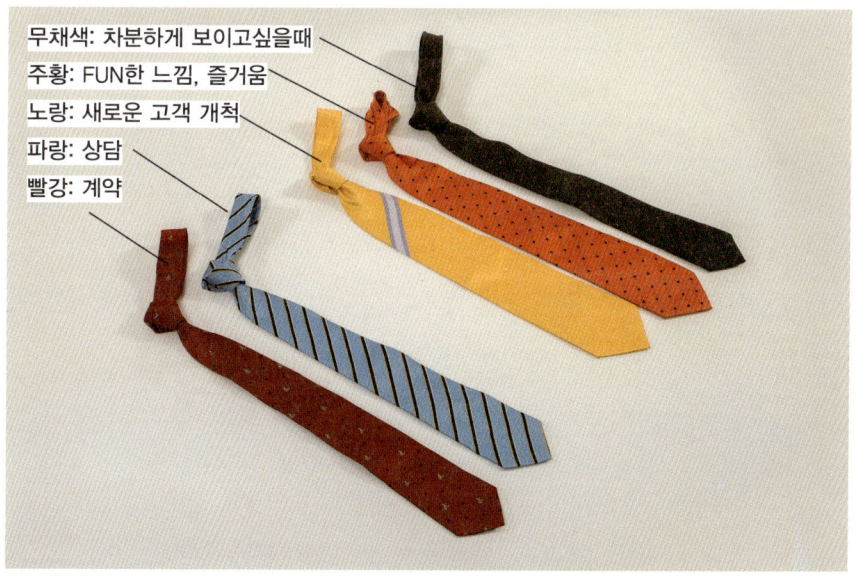

무채색: 차분하게 보이고싶을때
주황: FUN한 느낌, 즐거움
노랑: 새로운 고객 개척
파랑: 상담
빨강: 계약

4) 무늬에 따라 당신의 품격이 달라진다

얼마 전 꽃무늬가 유행이었던 시절이 있었다. 유행은 돌고 돌기 때문에 과거 유행했던 꽃무늬가 넥타이의 패턴까지 영향을 미쳐 남성들이 너도나도 꽃무늬 넥타이를 선호했던 시절이 있었다. 어느 날 아는 친구에게서 보험사 직원을 소개받고 점심시간 짧은 시간 동안 상담을 받았던 적이 있었다. 상담을 받는 내내 나의 시선은 보험사 직원의 얼굴에 머물지 못하고 계속해서 그가 매고 있는 넥타이에 시선을 줄 수 밖에 없었다. 상체가 크고, 얼굴도 통통한 그가 선택한 넥타이는 그 당시 유행했던 꽃무늬였던 것이다. 꽃무늬도 일반적인 무늬가 아니라 상당히 과장되게 커서 지나다니는 사람들의 시선이 계속해서 머물러 있었던 기억이 있다. 물론 상담은 잘 받았지만, 그에게서 풍기는 이미지가 신뢰감하고는 거리가 멀었기 때문에 다음 번 약속을 기약하고 돌려보냈던 적이 있다. 과연 그 사람의 어떤 부분이 마음에 들지 않았던 것일까?

사람들은 누군가를 만날 때 끊임없이 나와 닮은 무언가를 찾으려 하고, 그 안에서 상대방을 믿을 수 있겠느냐는 의심을 끊임없이 하게 된다. 특히 고객입장에서는 더 그럴 수 있다. 메시지를 신뢰감 있게 전달하였다고 해도 그에게서 풍기는 이미지가 믿을 수 없는 사람이라 생각되면 사람들은 그를 멀리하기 시작한다. 물론 꽃무늬 넥타이가 그의 전부는 아니다. 하지만, 그 작은 부분이 그 사람을 판단하는 기준이 되었고, 무섭게도 그를 다시는 보고 싶지 않았다는 것이다.

넥타이는 내가 하고 있는 일과도 일치시켜야 한다. 특히 내 얼굴형에 맞게 무늬선택도 중요하다. 얼굴이 크고 통통한 체격을 가지고 있는 사람이 큰 무늬를 선택하게 되면 얼굴이 더 커보일수있다. 그렇기에 넥타이의 무늬는 큰 것보다는 잔잔한 무늬가 좋으며, 더 품격 있어 보인다. 무늬가 크면 클수록 모자라 보일 수 있고 우스꽝스러울 수 있다. 명품넥타이 매장에만 가봐도 무늬가 모두 잔잔한 패턴을 가지고 있다. 동물무늬, 도트무늬, 사선무늬 등 과장되기보다는 멀리서 볼 때 솔리드 타이처럼 보이듯이 말이다.
꼭 기억하자. 넥타이의 무늬는 잔잔한 무늬가 더 품위 있다는 것을~

타이의 종류

솔리드 타이

민무늬 타이라고도 불린다. 솔리드 타입의 넥타이를 맬 때는 색감을 잘 선택해야 한다. 솔리드 넥타이는 세련된 이미지 그 자체로 멋쟁이들이 좋아하는 스타일이다.

스프라이트 타이

솔리드 타이에 사선무늬가 들어간 타입이며, 경쾌한 느낌을 줄 수 있다. 샤프한 남성미를 살려주기도 하며, 추친력있고 열정적인 모습까지 보여줄 수 있는 스타일이다.

페이즐리 타이

클래식한 정장에 연출하면 멋스럽게 할 수 있다. 기업의 CEO나 리더가 많이 매는 타이 중 하나이며 고급스럽다는 특징이 있다. 특히 페이즐리를 연출할 때는 솔리드셔츠와 매치할 때 가장 잘 어울린다.

도트무늬 타이

잔잔한 동물이나, 그림 등이 어우러져 있는 무늬, 특히 이때 주의점은 무늬가 크지 않고 작아야 더 품위 있어 보인다. 명품스타일의 넥타이에서 많이 출시되며 리더들이 많이 선호하는 스타일이다. 특히 기업의 임원급 이상은 도트무늬를 매었을 때 더 품격 있어 보이는 효과가 있다.

Tip
넥타이 무늬가 작으면
작을수록 세련되어 보인다.

5) 큐빅이 달려있는 넥타이는 당신의 품격을 떨어뜨린다

친한 지인 분이 들려준 에피소드가 있다. 회사에서 팀장 정도의 위치에 계시는 그분은 와이프가 생일선물로 사준 넥타이를 매고 출근을 했고, 사장님 앞에서 중요한 프레젠테이션을 하던 날 사장님께 쓴 소리를 들었다는 것이다. 이유인즉슨 그날 매고 온 넥타이가 화근이었다. 회의가 끝난 후 사장님께서 "자네는 지금 여기가 카바레 무대인줄 아나? 넥타이가 번쩍번쩍 뭔가?", "대기업에 부장 정도면 체통이 있어야지 옷 입는 방법도 모르나?" 프레젠테이션을 멋지게 끝내고 나온 그 부장님은 사장님의 이런 쓴 소리에 이유를 전혀 찾아내지 못했다고 한다. 물론 넥타이 때문이라는 건 알았지만 무엇이 문제였는지 모르겠다며 자문을 구했던 적이 있었다. 큐빅이 박힌 넥타이는 고급스러움과 품위에서 멀어질 수 있다. 특히 프레젠테이션을 하는 장소라면 충분히 거부감을 줄 수 있다. 물론 큐빅이 있는 넥타이는 화려하고 예쁘다. 하지만 슈트의 클래식한 느낌을 떨어트릴 수 있다. 옷이 되지 말고, 내가 되자 라는 말이 있듯이, 옷이 나를 돋보이게 해주는 역할을 한다면, 나라는 사람을 부각시키기에 큐빅은 너무도 화려하다는 것을 알아야 한다. 즉, 슈트에 어울리는 넥타이는 화려함이 아니라, 나를 최대한 돋보이게 해주는 소품이라는 것을 기억하자.

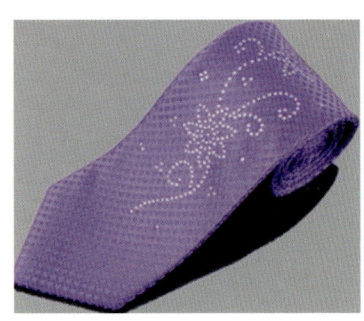

6) 넥타이 고급스럽게 연출하는 방법(매듭법)

당신은 매일같이 연출하고 있는 넥타이 매듭법을 과연 몇 가지나 알고 있는가?

넥타이 매듭법에도 유행이 있고, 얼굴형에 어울리는 매듭법이 있다는 것을 알고 있는가? 수많은 넥타이 매듭법이 있지만 모두를 알기보다는 꼭 필요한 매듭법 2가지만 제대로 배워보자.

■ 플레인노트(plain knot)

넥타이 매는 방법의 하나로 '한겹매기'라고 불린다.
가장 간단하고 일반적이다.

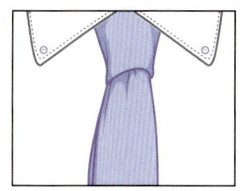

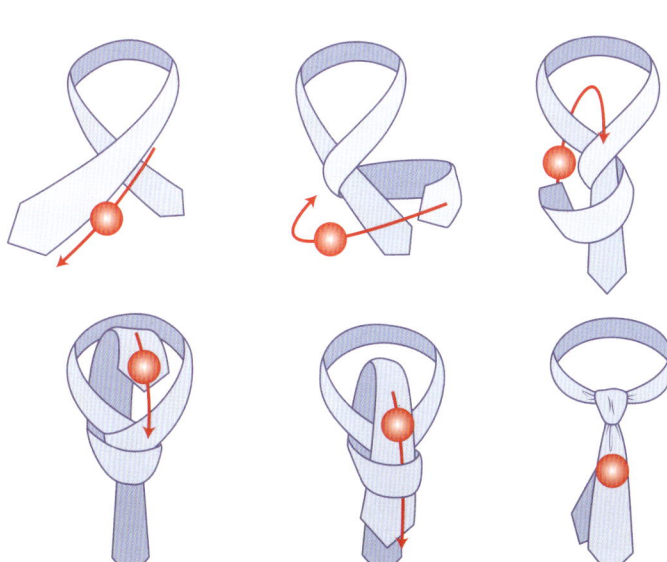

Part 1_ 〈세일즈맨 사진준비〉

■ 세미 윈저 노트(semi-Windsor knot)

한국남성들이 과거로부터 가장 많이 연출했던 삼각형모양의 매듭법이다. 비즈니스용으로 많이 사용한다.

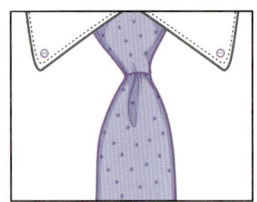

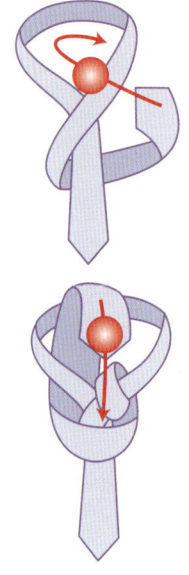

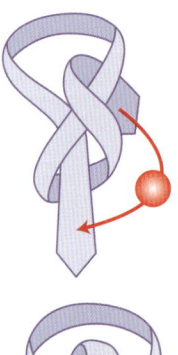

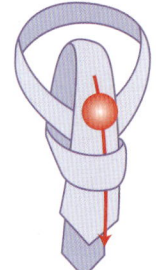

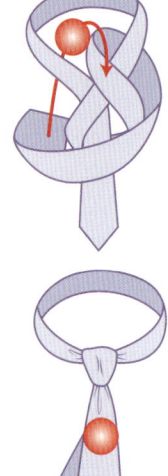

Tip●

넥타이 매듭에는 '입체감'이 중요하다.

cret Sales

5. 구두는 당신의 인상이다

구두는 남자의 첫 번째 자존심이라고 말할 만큼 좋은 구두선택이 중요하다. 특히 비지니스정장 착용시 구두는 그 사람을 판단하는 사회적 기준이 될 수 있다는 점도 잊지 말자.

1) 반드시 가죽구두를 선택하자

발이 편해야 몸도 편하다는 말이 있듯이 신체의 무게를 담당하고 있는 발을 감싸는 신발은 최대한 질 좋은 가죽을 선택하는 것이 좋다. 기능적인 이유 외에도 구두는 사회적 지위를 반영하고 있다. 실제 비즈니스의 고수들은 상대방이 어떤 구두를 신었는지에 따라 비즈니스의 성패를 좌우할 수 있다고 한다. 질 좋은 구두 하나가 일의 성패를 좌우할 수 있다면 반드시 가죽구두를 선택해야 한다는 것을 기억하자. 가죽구두는 계속해서 신다 보면 모양이 흐트러질 수 있고, 구두굽이 빨리 닳을 수 있으므로 일주일에 2~3개 정도의 구두를 번갈아 가면서 신는 것이 좋으며 가급적 책상아래 놓아두고, 번갈아 신기를 하다 보면 편리하다. 판매를 잘하는 세일즈맨은 모두 이렇게 하고 있다는 것도 명심하자.

2) 허리 위는 밝게 아래로는 어둡게 구두도 어둡게

남자의 정장 슈트에 어울리는 구두는 슈트보다 밝아서는 안 된다. 그러므로 정장구두에 어울리는 구두는 검정이나 진한 다크브라운칼라를 선택하는 것이 활용도가 좋다. 옷을 입는 기준은 허리 위로는 최대한 밝게 허리 아래로는 최대한 어둡게 만들어 안정감 있는 스타일을 만들어준다.
구두가 어둡다는 것은 그런 스타일을 안정감 있게 보완해 줄 수 있는 최상의 스타일이라는 것을 잊지 말자.

3) 세일즈맨이 꼭 갖추어야 할 스타일별 구두

윙팁슈즈

가장 정통적인 구두라고 볼 수 있다. 구두 앞 코 모양이 새의 날개모양처럼 3자로 되어있고, 정통을 고집하는 최고의 멋쟁이들이 자주 신는 스타일이므로 하나쯤 꼭 있어야 하는 구두이다.

옥스퍼드 슈즈

끈을 매는 구두로 영국 옥스퍼드대학교의 학생들 사이에서 1665년경부터 유행된 구두로 끈을 매는 구두의 통칭이라고 볼 수 있다.

스트레이트 팁슈즈

스트레이트팁은 구멍이 뚫린 장식이나 바늘땀이 구두 코에 둘려져 있는 구두를 말하며 구두 코 앞에 한 줄로 가로줄이 있는 것이 특징이다. 단순하고 싫증나지 않는 스타일로 일반 직장인들이 가장 선호하는 스타일 중에 하나이다.

몽크스트랩슈즈

정통 비즈니스에서는 끈이 달린 구두를 신지만 그런 복잡함을 보완하기 위해서 나온 구두의 한 종류로 구두 위 장식이 금속 버클장식이 되어있는 것이 특징이며 몽크스트랩슈즈를 신을 때에는 다크브라운을 신는 것이 더 세련되어 보일 수 있다.

플레인토 슈즈

끈은 달려있지만 구두 앞 코에 아무 장식이 없는 구두의 통칭이다. 스포티한 차림새를 할 때 연출하면 잘 어울린다.

Tip

정장 슈트에 신지 말아야 하는 구두 중 하나는 모카신 모양의 '로퍼'라는 것을 잊지 말자. 로퍼는 원래 '게으르다'라는 뜻이 있고. 비즈니스하는 남자의 이미지와는 맞지 않을뿐더러 슈트를 말끔하게 차려 입는 남자라면 귀차니즘도 참을 수 있는 '끈이 있는 구두 선택이 더 적극적이다'라는 이미지를 줄 수 있다.

잠깐!

Tip •

스팀다리미로 매일 매일 새 옷을 입자

휴대용 스팀다리미

매일 매일 새 옷처럼 입기 위해서는 슈트에 주름이 가지 않게 입는 것이 중요하다. 바지를 거꾸로 걸어놓고 분무기로 주름진 곳을 분사해 베란다에 하루 정도 보관하는 것도 방법이나, 제일 좋은 방법은 시중에 나와있는 휴대용 스팀다리미를 활용하여 주름진 곳을 펴주는 것이다. 요즘 세일즈맨의 필수품이라는 것도 잊지말자.

Chapter 3
소품

Chapter 3
소품

6. 남자는 소품이 강해야 한다

소품은 당신이 누구인지를 말해주는 단서이다. '사소한 것에 목숨을 걸 수 있어야 진짜 남자다'라는 말이 있다. 당신이 슈트를 입을 때 사소하게 생각했던 아이템을 떠올려보자. 아마도 시계나, 벨트, 양말이 아닐까 한다. 하지만 소품을 잘 챙기는 디테일 한 남자는 일도 잘 할 수밖에 없는 이미지가 부여된다.

1) 디테일을 잘 챙기는 남자 판매도 잘한다

직장생활을 하다 보면 여러 부류의 사람을 만나게 된다. 평범했던 동료의 손목에 반짝이는 시계를 발견했을 때, 평범했던 동료가 회식 날 신발을 벗고 회식장소로 들어가는데 양말이 평범하지 않다면, 옆에 있어 늘 의식하지 못했는데 어느 날 보니 벨트가 페레가모라면, 당신은 어떤 생각으로 상대를 바라볼까? 평범하고 항상 옆에 있어 잘 몰랐지만, 그 사람이 가지고 있는 작은 디테일에 시선이 머문다면, 아마도 "아~저 사람에게 저런 매력이 있었나?", "아~김대리는 굉장히 평범한 사람인줄 알았는데 시계를 보니 좀 사나?" 이런 생각을 하지 않을까 한다. 물론 지극히 평범한 사람들의 생각은 아닐 수 있다. 하지만, 항상 옆에 있었던 동료에게 저런 면이 있었나? 라고 생각이 드는 건 무언가 특별함을 발견했다는 증거이며 그 특별함이 큰 것이 아니라 사소한 것이라면, 아마도 그 사람에 대한 이미지는 180도 달라 보일 수 있다는 것이다. 특히 남자에게 있어 양말, 시계, 벨트는 그런 의미가 굉장히 강하게 다가올 수 있다.

실제로 판매왕 중에는 벨트의 브랜드가 대부분 명품이고, 양말도 땀 흡수성이 강한 좋은 면 양말을 신으며, 시계는 특히 알만한 사람은 다 알 수 있는 그런 좋은 브랜드를 착용하고 있는 세일즈맨이 많다는 것도 기억하자.

열심히 뛰어다녀야 하는 세일즈맨들에게는 필수적인 좋은 브랜드의 양말, 고객과의 소중한 만남에 손목을 보여야 하는 세일즈맨이 필수적으로 선택해야 할 좋은 브랜드의 시계, 판매왕에게 있어 슈트의 질을 한층 더 높여 줄 수 있는 벨트. 잊지 말자, 당신의 고객은 당신의 디테일 하나에도 신뢰감을 찾기 위해 시선이 머무른다는 사실을.

2) 벨트, 양말, 구두의 색은 같아야 한다

옷은 통일성이 중요하다. 너무 화려하거나 색깔이 많이 섞여있으면 시선이 머무는 곳이 복잡할 수 있고, 당신의 정체성까지 혼란스러워 보일 수 있다. 특히 슈트차림에 벨트색이 검정이면, 양말도 검정, 구두색도 검정이 되어야 함을 잊지 말자. 그래야 세련되어 보일 수 있다.

3) 벨트 잘 사야 하고, 잘 연출해야 한다

비즈니스 룩에 어울리는 벨트색은 구두색상과 같아야 하며 검은색이나 갈색이 일반적이다. 벨트와 구두의 소재까지 같으면 더욱 깔끔하게 연출할 수 있다. 벨트를 구입할 때에는 질 좋은 가죽을 구입해야 하는 것을 잊지 말자. 또한 버클장식이 너무 화려한 것보다는 심플한 것이 세련되어 보인다. 벨트가 에나멜소재의 광택이 나면 저렴한 느낌이 들고 젊잖아 보이지 않는다. 특히 버클 등에 유명브랜드의 상표가 도드라지게 있다면 돈 많은 아저씨 느낌이 강하므로 브랜드가 좋아도 도드라지지 않는 제품을 선택해야 품위가 있어 보인다. 일반적으로 벨트의 구멍 수는 3-5-7 홀수로 되었고. 벨트를 채울 때는 핀을 정중앙의 구멍에 꽂는 것이 원칙인 것을 알아두자.

4) 양말 칼라 당신의 커뮤니케이션을 대변한다

신발을 벗고 들어가는 식당에 갈 때면 습관적으로 남자들의 양말을 보곤 한다. 정장차림의 말끔한 비즈니스맨을 볼 때면 그의 숨겨진 디테일이 궁금해지곤 한다. 옷을 말끔하게 차려 입고 간혹 바지칼라가 검정색인데 양말이 밝은 회색이거나 하얀색일때 잘 차려 입은 슈트의 이미지가 한번에 무너져 내릴 때가 있다.

과거 무좀 때문에 흰색 면 양말이나 발가락 양말을 선택하는 남성도 있었지만, 요즘은 면 양말이 잘 나와있을 뿐 아니라 브랜드가 있는 양말이 아니더라도 질 좋은 양말을 많이 접할 수 있다.

양말은 구두 색과 맞추는 것을 잊지 말자. 구두 색이 검정이면 양말도 검정을 선택해야 하며, 구두 색이 진갈색일 때는 갈색 양말을 선택하는 것이 더 세련되어 보인다. 주의점은 양말상표가 너무 도드라지지 않는 것을 선택한다.

양말선택 기준

- 슈트컬러보다 진한 색의 양말을 선택한다.
- 가급적 어두운 컬러를 선택한다.
- 의자에 앉았을 때 살이 보이지 않게 종아리 중간까지 호스(hose)를 신는다.
- 바지와 구두컬러랑 같은 계열의 양말을 선택한다
- 계절감이 있는 양말, 즉 여름양말, 겨울양말을 구분해서 신자.

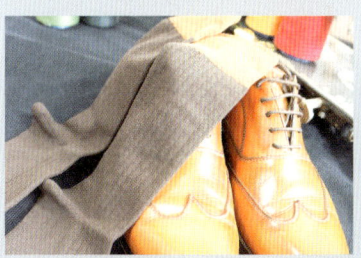
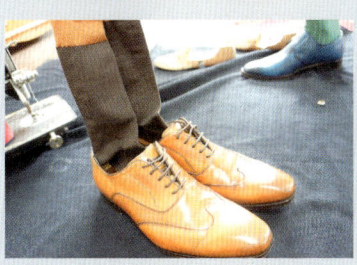
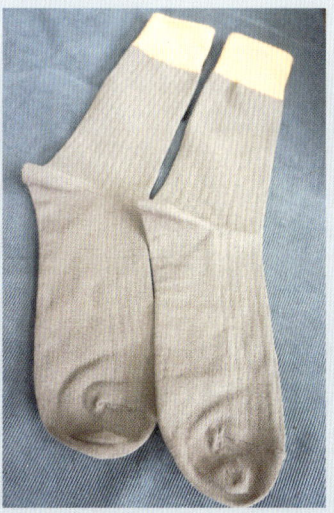

5) 남자의 품위는 시계로 결정짓는다

남자의 유일한 액세서리라면 당연 시계를 말할 수 있다. 손목 위의 자신감, 손목 위에서 만나는 특별한 가치로 시계를 평한다면, 시계를 고를 때에도 신중해야한다는 것이다.

1965년 미국항공우주국 NASA는 전세계를 누비며 아주 특별한 손목시계를 찾아 다녔다고 한다. 우주에서 강렬한 태양에 버틸 수 있는 손목시계가 필요했는데 최종 테스트를 통과한 것은 단 하나뿐이었다고 한다. 바로 명품시계인 오메가 만든 스피드마스터였다. 4년 뒤 3명의 우주인은 아폴로11호를 비행시 오메가 스피드마스터를 착용했다. 그래서 이들이 착용한 그 시계는 문워치(MOON WAATCH)라는 별명을 얻게 되었다.

2007년에는 방송국3사가 명품시계에 대한 뉴스를 대대적으로 보도한 적이 있다. 유명연예인을 대동하고 청담동에 샵까지 있던 '빈센트엔코'라는 브랜드가 수억 원어치 팔려나갔는데 이 브랜드가 중국에서 단가

10만원도 안 되는 금액에 방수도 안 되는 가짜 시계로 판명되면서 뉴스는 대대적으로 시계에 대한 이야기를 내놓기 시작했다.

그렇다면, 명품시계와 그렇지 않은 시계의 차이점은 무엇이며, 왜 우리는 멋진 슈트의 완성을 시계라고 보는가? 시계는 매일 착용해야 하는 남자의 유일한 액세서리다. 디자인이 화려하고 복잡한 시계보다는 장인정신이 깃든 심플한 시계의 견고함이 명품시계의 상징이듯, 내가 입는 옷과 내 이미지에 맞는 스타일을 찾는 것이 중요하다. 두께가 지나치게 두껍거나, 복잡한 것보다는 심플한 디자인을 선호하자. 가죽밴드는 하나쯤 가지고 있는 것이 좋다. 특히 멋진 슈트에 가죽시계는 그 멋을 더해준다. 이때 주의점은 시계밴드가 튀지 않는 진한칼라보다는 다크브라운 정도로 딥한 칼라를 선택하는 것이 더 고급스럽다.

좋은 시계는 남자의 품격의 상징이기도 하다. 시계로 시간을 체크하는 사람은 자기시간을 쪼개서 쓸 만큼 소중하게 생각한다는 이미지가 있고, 세일즈맨의 이미지를 좀더 호감적으로 만들어줄 가장 멋진 아이템이라고 해도 과언은 아니다.

클래식한 시계의 기준

- 시계의 프레임이 너무 크면 품격과 거리가 멀어질 수 있다.
- 슈트에 어울리는 고급스런 가죽시계의 칼라는 댄디한 느낌을 줄 수 있다.
- 시계의 문자 판은 디지털보다는 아날로그적인 것을 선택하자. (숫자)
- 금장시계와 같은 고급시계는 부담스럽기 때문에 피해야 한다.

Part 1_ 〈세일즈맨 사전준비〉

〈은장시계, 메탈소재 등 **good**〉

Part 2 〈세일즈맨 고객만남〉

〈금장시계 **bad**〉

Part 3 〈평생고객 만들기〉

7. 계약서가 준비된 비즈니스가방이 준비되었는가

여성들의 핸드백은 종류별로 다양하다. 지갑만 넣고 다니는 핸드백부터 일반 직장 여성들이 많이 선호하는 토트백까지 용도부터 모양까지 또는 그날의 스타일에 따라 수시로 바뀌는 여성들에 비하면 남성들의 가방은 종류가 한정되어 있는데다가, 정장에 어울리는 가방을 수시로 옷에 따라 바꾸기란 쉬운 일이 아니다. 하지만 비즈니스 정장에 어울리는 질 좋은 가방은 세일즈맨의 필수품이라는 것을 알아두자. 여성들의 상황에 따른 가방처럼 남자도 상황에 맞는 가방이 필요하다. 가방은 이것저것 담아서 볼록하게 나와있는 상태가 아니라 가방을 열었을 때 펜, 수첩, 상품설명서, 계약서 등 업무에 필요한 내용물이 깨끗하게 정돈되어있는 것도 자기관리가 잘되어있는 거라 볼 수 있다. 고객을 만나러 갈 때 바로 계약할 수 있는 상황은 아니더라도 항상 세일즈맨은 '오늘 계약한다' 라는 마음으로 가방에 계약서를 넣고 다녀야 한다.

계약서가 들어갈 수 있는 질 좋은 가방은 세일즈맨의 필수품이라는 것을 잊지 말자.

1) 가죽가방에 투자하자

깔끔하고 세련되게 슈트를 착용하고 천 가방이나 끈이 쳐져 있는 가방을 맨다고 생각해보자. 특히 상품설명서와, 계약서가 함께 들어가야 할 가방은 아무리 가볍더라도 무게감이 있을 수 있고, 그 무게감으로 가방이 아래로 처지다 보면 완벽한 슈트차림이 후줄근해 보일 수 있다. 비즈니스맨이라면 말끔한 정장에 브리프케이스를 들었을 때 최고의 이미지를 보여줄 수 있다. 특히 브리프케이스는 가죽소재의 튼튼한 제품을 선택하는 것이 오래 쓸 수 있고, 오래들수록 더 클래식함이 묻어나온다. 비즈니스에서 성공적인 세일즈맨은 브리프케이스를 오른손에 들고 있다는 것을 기억 하자.

2) 당신의 가방은 계약서와 상품설명서가 준비되었는가

준비된 사람에게는 기회가 온다라는 말이 있듯이, 우리는 언제 어디서나 준비된 자세로 고객을 만날 상황을 연출해야 한다. 실제로 어떤 세일즈맨은 휴가철을 맞이하여 가족과 함께 고속도로를 달리고 있었다. 한참을 가던 중 연기 뿜은 자동차 한 대가 서있었고 직업정신을 발휘하여 가던 길을 멈추고 도와주었다고 한다. 마침 가지고 있던 명함을 드렸더니, 그렇지 않아도 차가 오래되어 바꾸려고 했는데 고맙다고 인사를 하고는 한 달 뒤 자동차를 구매하겠다며 연락이 왔다고 한다. 그 이후 그 직원은 휴가철이든, 해외여행을 가든, 항상 명함과 함께 상품카탈로그를 지니고 다녔다고 한다. 그 결과 의외로 한국사람들의 특징이 고스란히 나타나는 경험을 많이 했다고 한다. 언제 어디서든 대화가 잘되면 카탈로그와 명함을 달라고 하는 고객도 있었고 실제 갑자기 대화가 잘되어 생각지도 못한 계약을 하고 온 경우도 있었고, 출고된 차량을 고객에게 인수하러 갔다가도 주변고객들이 계약을 하는 경우도 종종 있었다고 한다. 그렇기에 세일즈를 하는 세일즈맨이라면 언제고 어느 때고 준비된 자세와 마음가짐이 필요하다. 하지만 그 마음가짐 중에 정말 필요한 것은 상품설명과 계약서를 어떻게 들고 다니냐는 것이다. 모양새 좋은 반듯한 가방에서 상품설명서와 계약서를 꺼낸다면 정말 준비된 세일즈맨이 아닐까 한다. 상품설명서는 종이로 되어 있는 경우가 많다. 그렇기에 종이의 재질이 변하지 않으면서도 반듯한 모양을 가지고 있으려면 가죽가방의 재질이 중요하다는 것을 잊지 말자.

3) 2개의 가방을 번갈아가며 들자

외적 이미지는 사회적인 단서가 될 수 있다. 특히 당신이 드는 가방의 상태를 보면 당신이 평소 어떤 생활패턴으로 활동하는지가 그대로 드러날 수 있다. 가죽가방의 경우 아무리 질이 좋아도 물건을 담고 오랫동안 접촉하다 보면 모양이 흐트러지고, 색깔이 퇴색될 수 있다. 그렇기에 질 좋은 가방을 들수록 하나만 들고 다니는 것이 아니라, 2개정도의 비슷한 가방을 번갈아 가면서 연출하는 것도 좋은 방법이라 할 수 있겠다. 가끔 세일즈맨들의 가방을 보면 물건을 많이 담아 해지거나 가방이 복어 배처럼 볼록하게 튀어나와 답답하고 무겁게 보이는데다 센스까지 없어 보인다 짐을 많이 들어야 하거나 정리할게 많다면 밑판의 변형이 없고 정리하기 쉬운 구조로 되어있는 가방을 선택하는 것도 좋은 방법이며, 가급적 비슷한 크기의 가방 2개를 번갈아 사용하며 모양의 흐트러짐을 방지하는 것도 좋은 방법이다. 또한 사무실에 상품설명서나, 고객관련 서류가 많이 들어갈 수 있는 큰 가방과 적당하게 담을 수 있는 보조가방을 두고 다니면서 번갈아 가며 드는 것도 좋은 방법이라 할 수 있겠다.

형태가 흐트러지거나 손잡이나 모서리가 닳거나 해진 가방을 보면 그 사람의 삶도 지쳐있는 것 같은 이미지를 줄 수 있다. 가방도 당신의 이미지를 결정짓는 중요한 역할을 할 수 있다.

4) 가방은 손으로 들어야 한다

세일즈맨의 가방은 필요에 의해서 들기도 하지만, 슈트차림에 전략적인 연출이 필요할 때도 들어야 함을 알아두자. 어깨에 끈이 달린 가방을 말끔하게 입은 슈트차림에 연출할 때는 아무리 좋은 가방이라 할지라도 슈트의 스타일을 망칠 수 있고, 보기도 좋지 않다. 딱 떨어진 슈트차림에는 딱 떨어진 가방을 손으로 들어주는 것도 센스라고 볼 수 있다. 특히 슈트를 입은 신사라면 가방도 전체적인 컨셉을 잡아주는 실루엣이 될 수 있다는 것을 기억하자.

8. 당신의 계약서 무엇으로 사인 받고 싶은가

작을수록 좋은 것으로 라는 말이 있습니다. 즉, 작은 소품일수록 좋은 것을 선택하라는 의미입니다. 옷은 허름해 보이는데 계산할 때 보여지는 지갑이 좋아 보이는 A와, 정장부터 헤어 까지 명품 같아 보이는 복장을 입었는데 지갑이 헤지고 보잘것없는 B를 대했을 때 당신이라면 누가 더 반전효과를 불러일으킬 수 있다고 생각하는가? 아마도 A는 굉장히 검소해 보이지만 정말 뭔가 많이 가진 사람처럼 보일 수 있고, B는 명품 옷을 입었지만 능력이 좋은 사람처럼 보이지는 않게 보일 것이다. 디테일이란 그런 것이다. 나를 작게도 보이지만 더 나아가서 반전효과처럼 크게도 보일 수 있는 작지만 파급효과가 매우 크다. 상담을 열심히 잘해놓고, 마지막 계약서에 사인 받는 결정적인 순간에 옆에서 굴러다니는 보통의 펜을 고객에게 드린다면, 어디서 판촉품으로 받은듯한 전화번호가 적혀있는 흔한 펜을 고객이 건네 받는 순간 '다시 생각해보고 오겠습니다'라는 멘트를 할 수도 있다는 것이다. 꼭 기억하자. 세일즈맨이라면 멋지고 좋은 펜을 꼭 준비해야 한다는 것을. 당신이라면 어떤 펜으로 계약서에 사인하고 싶은가?

1) 판매의 복덩이 만년필

지금 이 책을 읽고 있는 당신은 어떤 세일즈를 하고 있는가? 고가의 자동차를 판매하고 있는가? 어떤 이에게는 전부로 느껴지는 자산관리를 하고 있는가? 아이들이 보는 이야기책을 판매하고 있는가? 고가의 화장품을 판매하고 있는가? 어떤 상품이든 그 상품을 구입하는 고객입장에서는 소중하지 않은 게 없을 것이다. 가령 자동차를 구입하는 고객이라 생각해보자. 국산차도 적게는 천만 원이 넘고, 크게는 억 단

위까지 가는 고가의 자동차를 구매한다고 하면, 수천만 원이 넘는 계약서에 사인을 할 때, 당신이라면 어떤 펜으로 사인을 하고 싶은가? 만약 주변에 굴러다니는 몇 백 원짜리 볼펜을 건넨다면 어떤 생각이 들까? 수천만 원하는 자동차를 구매하는데 고작 몇 백 원짜리 볼펜을 내미는 세일즈맨이라면 미안하지만 지금하고 있는 직업에 대해서 다시 한번 생각해보았으면 한다. 세일즈맨은 언제 어느 때나 준비된 모습으로 고객을 만나야 한다. 계약서에 사인을 할 때는 고객과 나와의 최종결정의 순간이고, 그 결정적인 순간에 당신은 돌이킬 수 없는 실수를 한 것과 마찬가지라는 것이다. 그런 측면에서 고객이 결정을 내리는 그 순간 당신의 이름이 새겨진 만년필을 슈트 안쪽 주머니에서 꺼내 고객에게 건넨다면 이미 당신은 준비된 세일즈맨이라고 볼 수 있다. 또한 장담컨대 성공지수가 높은 사람일 것이라고 본다. 꼭 기억하자. 판매의 복덩이는 당신의 이름이 멋지게 새겨진 고급스러운 펜이거나, 만년필이라는 것을. 무관심하게 지나쳤던 작은 소품 하나가 당신의 마지막 이미지를 결정짓는다는 것을 잊지 말자.

2) 만년필 구입시 주의사항

너무 비싼 펜보다는 적당히 고급스러운 펜을 구입한다.
매일 쓰는 펜의 역할보다 계약서에 사인 받을 때 용도로 선택한다.
자신의 라이프스타일에 맞추어 구입한다.
서명을 위한 소장용 펜으로는 두꺼운 촉이 좋다.
휴대 시 펜촉이 위로 향하게 보관하고 1,2개월에 한번씩 세척한다.
유, 무상 A/S가 가능한지 꼭 확인한다.

9. 명함지갑은 당신의 얼굴이다

명함은 내 얼굴을 대변해주는 제2의 얼굴이다. 그런 명함을 당신은 어느 곳에 보관하고 있는가? 가끔 비즈니스로 만나는 사람 중 명함을 지갑에서 꺼내거나, 주머니에서 꺼내거나 가방에 널브러져있던 명함을 건네거나 할 때가 있다. 흔히 명함은 그 사람의 첫인상을 좌우한다고도 하는데 명함이 얼굴이라면 명함지갑은 당신이 입고 있는 멋진 슈트라고 생각하면 될 것이다. 아무리 반듯하게 잘생긴 사람도 차림새가 허술하고 단정하지 못하면 왠지 신뢰감이 생기지 않듯이 자칫 잘못하면 예의 없는 사람으로 찍힐 수 있는 부분이 명함이라는 것을 잊지 말자. 고급스럽고 세련된 느낌의 명함 지갑에 단정하게 들어있는 당신의 명함을 꺼낼 때 당신은 이미 첫인상에서 긍정적이고 좋은 모습을 건넨 것이다. 또한 상대가 함부로 할 수 없는 그런 이미지를 만들어준 것이나 다름없다. 사람들은 작은 디테일에서 그 사람의 내면을 보게 되고 상대가 무슨 생각을 하는지도 알 수 있다고 한다. 당신은 어떤 모습으로 보이길 원하는가?

1) 세일즈맨 어떤 명함지갑을 선택해야 할까

고객을 상대할 일이 많은 사람일수록 명함지갑의 공간이 넓어야 한다. 특히 시중에 나와있는 세련되고 트랜디한 명함지갑도 좋지만, 전략적인 측면에서는 주머니가 2개정도만 있는 가죽명함지갑을 추천하고 싶다. 주머니가 큰 쪽은 내 명함을 넣고, 작은 쪽은 그날 받았던 고객의 명함을 넣는 것이다. 또한, 슬림한 명함지갑은 고급스러움을 더해줄 수 있지만 명함이 많이 들어가지 않는 단점이 있고, 장식이 많이 달린 명함지갑은 경쾌한 느낌이 많지만 품위적인 느낌은 나지 않으므로 가급적 장식이 없는 슬림한 명함지갑을 선택한다. 고객을 만날 때마다 수시로 명함지갑을 오픈 한다고 한다면 때가 잘 타지 않는 어두운 칼라를 선택하는 것이 좋다. 한 번 구입하면 다시 바꾸게 될 일이 거의 없는 명함지갑, 신중하게 준비하자.

2) 명함지갑에 들어가야 할 2가지

명함지갑을 지갑대용으로 쓰는 사람들이 있다. 특히 카드나, 신분증까지 들어가있어 명함지갑의 기본형태가 흐트러지고, 볼록하고 뚱뚱한 명함지갑을 가지고 다니는 세일즈맨이 있다. 명함지갑은 가급적 명함 외에는 수납해서는 안 된다. 큰 주머니에는 본인의 명함을 넣고, 작은 주머니에는 그날 만난 고객의 명함을 넣는 것이다. 불필요한 소지품을 명함지갑에 꼭꼭 채워 넣는 것은 당신의 이미지도 그러하다고 보여주는 것과 똑같다. 명함지갑에는 내 명함과 고객의 명함만이 존재해야 한다는 것을 꼭 기억하자.

3) 명함지갑 구입시 주의점

가급적 어두운 계열을 선택한다.
장식이 많이 없는 명함지갑을 선택한다.
수납공간을 고려하여 복잡한 것보다는 단순한 것을 선택한다.
손상되는 것을 방지하기 위해서 에나멜소재나 코팅된 가죽소재를 선택한다.

10. 얼굴형에 어울리는 안경보다 세일즈에 어울리는 안경을 쓰자

안경은 시력이 좋지 않은 사람들이 쓰는 거란 생각에서 이제는 패션의 한 아이템으로 사용된다. 특히 남자의 안경은 세련되고, 샤프해야 한다. 얼굴형에 맞는 안경을 쓰는 것은 스타일의 가장 기본적인 부분이라고 볼 수 있다.

하지만 쓰지 말아야 할 안경테와 썼을 때 좀 더 세련되고, 단정해 보이는 안경테는 따로 있다는 것이다. 쓰지 말아야 할 안경테 중 검은색 사각 뿔테는 캐주얼웨어에 어울리는 안경테이고 **슈트와 잘 어울릴 수 있는 테는 티타늄소재의 반무테 안경과 무테안경, 테가 얇은 안경테 등**으로 볼 수 있다. 화려하고, 패셔너블한 안경은 단정해 보여야 하는 세일즈맨이 절대로 해서는 안 되는 안경테라는 것을 알아두자. 세련되고, 슈트에 잘 어울리는 안경테는 전략적으로 선택해야 함을 기억하자.

Part 1_ 〈세일즈맨 사전준비〉

Part 2_ 〈세일즈맨 고객맞이〉

Part 3_ 〈평생고객 만들기〉

세일즈맨의 필수 안경 스타일

cret Sales

안경테의 이미지에 따라
느낌이 달라보인다는것을 잊지말자!

Chapter 4
관리

Chapter 4
관리

11. 호감을 불러일으키는 헤어스타일

여자는 화장빨 남자는 머리빨이라는 말이 있다. 그만큼 남자는 헤어스타일이 인상형성에 중요한 역할을 하고 있다는 말이다. 아무리 옷을 잘 입었다고 해도 헤어스타일에서 주는 이미지가 촌스럽다면, 또는 관리가 안된 느낌이라면 어느 누구도 당신을 호감적인 사람으로 봐주지 않을 것이다. 헤어는 미용실에서 머리카락을 자르는 것에서 끝나는 것이 아니라 제품을 활용하여 스타일을 만들어가는 것이 더 중요하다는 것도 기억해야 한다.

1) 남자 다운펌을 사랑하자

몇 해 전 네티즌들 사이에서 한참 떠돌아 다니던 사진이 있었다. 현 축구선수들을 대상으로 하여 헤어스타일로 어울리는 직업을 만들어보는 재미있는 스토리였던 걸로 기억된다. 그 중 김영광 축구선수가 특이하게도 강력계 형사라는 직업이 나왔다. 지금은 많이 달라진 모습이지만 과거 김영광선수의 헤어스타일은 검은 색깔에 모발이 짧고 뜨는 머리였다. 강력계형사의 이미지가 다 그런 것은 아니지만 아마도 범죄자들을 수사하는 일을 하는 분들로서는 부드러운 이미지보다 조금 더 강한 이미지가 오히려 직업에 맞는다고 볼 수 있듯이 모발이 짧고 뜨는 머리는 강한 인상을 남길 수도 있다는 의미와 같다는 것이다. 그렇다면 이렇게 뜨는 머리를 조금 더 세련되게 만들 수 있을까? 미용실을 자주

cret Sales

다녀본 사람이라면 '다운펌'을 들어보았을 것이다. 다운펌은 머리카락 끝을 파마로 다운시켜주는 것을 말하며 왁스헤어스타일 손질 시 부드럽게 연출이 가능한 펌을 말한다. 요즘 남자들 사이에 폭발적인 인기를 얻고 있고, 특히 뜨는 머리의 누를 곳은 눌러주는 남자의 전용적인 파마라고 보면 된다. 왁스 스타일링 시에도 유용하게 연출이 가능한 다운펌으로 부드러운 이미지를 연출해보자.

연출 전

연출 후

2) 상고머리에 스타일링을 하자

상고머리의 원래 의미는 과거 상투를 트는 남자의 머리 밑과 뒤꼭지를 치올리는 대서 유래가 되어 남자들의 목 뒤쪽에서 연결되는 헤어와 옆 구레나룻 등을 전동헤어제품을 활용하여 짧게 깎는 대표적인 남성들의 스타일이다. 하지만 상고머리스타일의 특징은 한 달에 미용실을 2번 정도 다녀와야 한다는 단점이 있다. 왜냐하면 옆머리가 짧은 대신 윗머리는 2주정도가 지나면 보기 싫게 뜨기 때문이다. 그렇기에 남성들은 뜨는 머리를 자르기 위해 미용실을 방문하게 된다. 이렇게 상고머리로 잘랐을 때는 헤어 제품을 이용하여 뜨는 머리를 눌러주어야 한다. 일반적으로 남성들이 많이 하는 상고머리가 헤어 제품을 바르지 않고 그냥 두게 되면 너무도 평범해 보이기 때문에 필히 헤어 제품을 이용하여 정수리부분도 살려주고, 투박해 보이는 헤어 라인을 조금 더 부드럽게 만들어주어야 한다는 것이다. 헤어는 자르는 데서 끝나는 것이 아니라 헤어 스타일링이 더 중요함을 기억하자.

3) 댄디한 헤어스타일은 옆머리를 붙여야 한다

영화에서 많이 나오는 장면 중 하나가 손바닥에 '퉤퉤'하며 두 손을 옆 구레나룻부분을 눌러주는 장면이다. 영화의 한 장면 중 웃음을 자아내기 위하여 연출했겠지만, 남자의 헤어스타일에서 세련된 모습을 연출하기 위해서는 옆 구레나룻부분이 방방 떠있으면 촌스러워 보인다 그렇기에 헤어 제품을 이용하여 옆머리를 눌러주는 것이 세련되어 보이기도 하고, 얼굴형에도 긍정적인 인상을 연출할 수 있다. 특히 두상이 큰사람이라면 더더욱 옆머리를 눌러주어 작게 보이는 효과도 있다. 헤어는 자기 얼굴형에 맞게 스타일링 한다는 것을 기억하자. 특히 세련된 스타일은 '댄디하다' 라는 표현을 많이 쓰는데 댄디하다라는 말은 헤어에서 세련된 이미지가 같이 부여된다. 그렇기에 방방 뜨는 옆머리를 꼭 헤어 제품을 이용하여 붙여주자.

4) 클리퍼(바리깡)보다 가위손질로 헤어스타일을 만들자

일명 바리깡이라고 불리는 클리퍼는 헤어스타일에 있어 많은 위험요소가 있다. 헤어는 자연스럽게 연출하는 것이 오히려 세련되어 보일 수 있는데 클리퍼를 이용한 손질은 자연스럽기보다는 머리가 뚝 끊긴 느낌과 강해 보이는 이미지를 만들기 때문이다. 과거로부터 많은 헤어샵에서 클리퍼를 이용한 헤어 손질을 많이 해 왔지만, 조금만 더 관심을 가지고 자기 헤어스타일에 관심을 가져보면 클리퍼손질보다 가위손질이 자연스럽고 세련되어 보인다. 특히 날마다 고객을 만나는 세일즈맨은 헤어가 인상형성에 중요한 역할을 한다고 보았을 때, 클리퍼 손질보다는 얼굴형에 맞는 스타일을 가위손질로 해달라고 당당하게 디자이너에게 요청해야 한다. 클리퍼 손질이 나쁘다는 것이 아니라, 가위손질로 하는 것이 자연스럽고 인위적이게 보이지 않는 장점을 가지고 있고, 클리퍼손질은 인위적이고, 헤어가 조금만 길어도 헤어샵에 가야 하는 번거로움이 있다는 것이다. 좀더 멋지게 보이고 싶은가? 당당하게 요청하자 가위손질이 필요하다고 말이다.

5) 얼굴형에 맞는 헤어스타일 10년 더 젊게 보인다

■ 앞머리 탈모형

탈모가 진행되어 앞머리에 머리숱이 없어 고민된다면, 액세서리를 활용하여 스타일을 만들어간다. 탈모로 얼굴길이가 좀더 길어 보이기 때문에 동그란 안경테를 써주면 시선이 안경 쪽으로 옮겨져 탈모를 의식하지 않아도 되며, 긴 얼굴을 안경으로 분리시켜 줄 수 있다.

■ 두상이 큰 형(이마가 넓고 머리큰형)

두상이 크고 이마가 넓다면 앞머리를 올리기보다 눈썹 위까지만 내리는 것도 얼굴을 작아 보이게 한다. 이때 주의점은 직모를 내리는 것이 아니라, 약간의 웨이브가 있으면 자연스럽게 내릴 수 있고 세련되어 보인다. 다운펌을 권장하며 웨이브에 약간의 왁스로 연출한다.

■ 스포츠형(모발이 굵고 헤어가 짧은형)

모발이 강해서 왁스를 바르면 딱딱하게 굳어지는 헤어로 잘못 연출하면 인상이 더 강해 보이고 세보일수 있다. 이런 모발은 '다운펌'을해서 모발을 좀더 부드럽게 만들고 그 위에 왁스로 헤어스타일링을 하면 한결 부드러워 보인다.

■ 둥근형(얼굴전체적으로 살이 많고 둥근형)

강호동씨처럼 얼굴이 크고 동그란 얼굴형 이라면 정수리부분을 살려주는 모히칸 스타일을 추천한다. 베컴이 유행시킨 스타일이기도 한 모히칸스타일은 둥근 얼굴형을 샤프하고 세련되게 만들어 줄 수 있다. 이때 주의점은 구레나룻을 너무 밀지 말 것. 적당히 남겨두어서 왁스로 붙여주는 것이 중요하다.

6) 머리는 저녁에 감아야 탈모예방에 좋다

탈모는 유전적인 요인으로 인해서 오는 경우도 있지만, 요즘은 대기중 오염, 흡연, 음식 등 여러 가지 원인으로 해서 탈모가 온다고 한다. 그렇기 때문에 탈모예방은 무엇보다 중요한 것 같다. 평소에 두피를 청결하게 유지하는 것이 중요한대 머리를 감을 때 아침보다는 저녁에 감는 것이 더 좋다. 낮 동안의 대기 중 오염 물과 여러 가지 요인들이 두피 속으로 침투하시 못하게 저녁 퇴근하여 그런 부분들을 씻어내는 습관이 탈모를 예방할 수 있다. 탈모는 자연스러운 현상이다. 하지만, 탈모가 생기면 현재 나이보다는 조금 더 들어 보이기 때문에 젊은 세일즈맨이라면 스트레스가 올 수 있다. 평소 작은 습관이 탈모를 예방할 수 있다는 것을 꼭 기억하자. <mark>머리는 저녁에 감는다.</mark>

7) 왁스사용으로 헤어스타일 연출방법

정수리부분에서 깍지를 끼고
머리모양을 잡아준다.

구렛나룻을 붙여준다.

뒷머리 부분도 깍지를
끼고 모양을 잡아준다.

손가락으로 가닥가닥
얼굴형에 맞게 스타일링을 한다.

〈헤어연출은 왁스〉

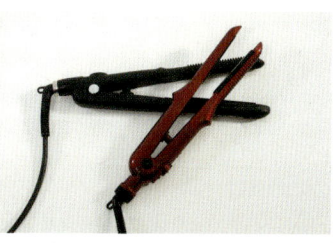

〈남자의 필수품 고데기〉

12. 깨끗한 피부는 호감을 불러온다

미국에서 27년간 트럭운전을 했던 운전기사가 자외선을 많이 받았던 왼쪽얼굴에 피부암이 발생하여 심각하게 변형된 사건이 있었다. 나이가 들어 노화가 되는 것은 자연스러운 현상이나 이렇게 피부암이 발생된다거나, 또는 주름이 심하게 얼굴에 형성되었을 때, 그 근원으로 자외선 노출지수를 따져봐야한다. 요즘은 과거와 다르게 10년더 젊게 살기 위해 피부에 투자하는 남자들이 많이 늘어 나고있고, 실제 남성 관련 제품들이 많이 나오고있다. 남녀를 떠나 가장 중요한 건 자외선 차단제만 꼼꼼하게 발라주어도 피부를 조금 더 탱탱하고 맑게 만들 수 있다는 것이다.

그렇다면 깨끗한 피부를 만들기 위한 순서를 알아보자.

첫째. 스킨
스킨은 피부의 모공을 열어주고, 각질을 제거해주는 역할을 한다.

둘째. 에센스
에센스는 노화를 방지해주고, 미백효과 콜라겐 주입효과가 있어, 피부를 맑고 투명하게 혈색이있게 만들어주는 역할을 한다.

셋째. 로션
로션은 밥공기 위의 밥뚜껑역할을 한다. 즉, 피부의 좋은 영양분들을 날라가지 못하게 막아주는 역할을 한다.

넷째. 수분크림
피부를 촉촉하고 윤기 있게 가꿔준다.

다섯째. 썬크림

자외선차단효과 및 피부노화방지, 피부건조증을 막아주고, 피부색소 침착을 방지해준다.

순서를 기억하라!
스킨→ 에센스→ 로션→ 수분크림→ 썬크림→ 비비크림
지울때는 폼클랜징

Tip•

죽을때 죽더라도 선크림만은 쥐고 죽자~

피부는 나이를 자연스럽게 표현해 준다. 그러나 어떻게 잘 관리하느냐에 따라 상황은 달라질 수 있다. SBS '힐링캠프'라는 예능프로에서 피부과 전문의 함익병의사는 MC의 질문에 이렇게 답변을 했다. "자외선 차단제만 꾸준하게 발라주어도 피부과에 오는일이 없어요. 피부에 돈들이지 말고, 자외선차단제 열심히 바르세요"이 이야기는 네이버 순간 검색어 1위에 오름만큼 파장이 엄청 났다. 그만큼 현대인의 필수품은 선크림이고, 좀 더 젊게 살고싶다면 선크림만은 꼭 꼼꼼히 챙겨바르자.

특히, 피부 조직에는 피부를 탱탱하게 만들어주는 엘라스틴과 콜라겐이라는 조직이 있다. 이런 조직들이 자외선에 노출된 노출양에 따라 아래로 축 쳐지게 되고 축 처진 부분은 다시 주름을 만든다. 그렇기에 주름과 기미주근깨를 동시에 관리하하관리 죽 을 때 죽더라도 썬크림만은 쥐고 죽자라고 강력하게 말하고싶다.

선크림 바를 때 꼭 지키세요

외출하기 30분전
흐린날도 챙기고
땀에 지워질땐 더 자주 바른다.
넓게 펴서 발라야 한다.
폼클랜징으로 씻는다.

cret Sales

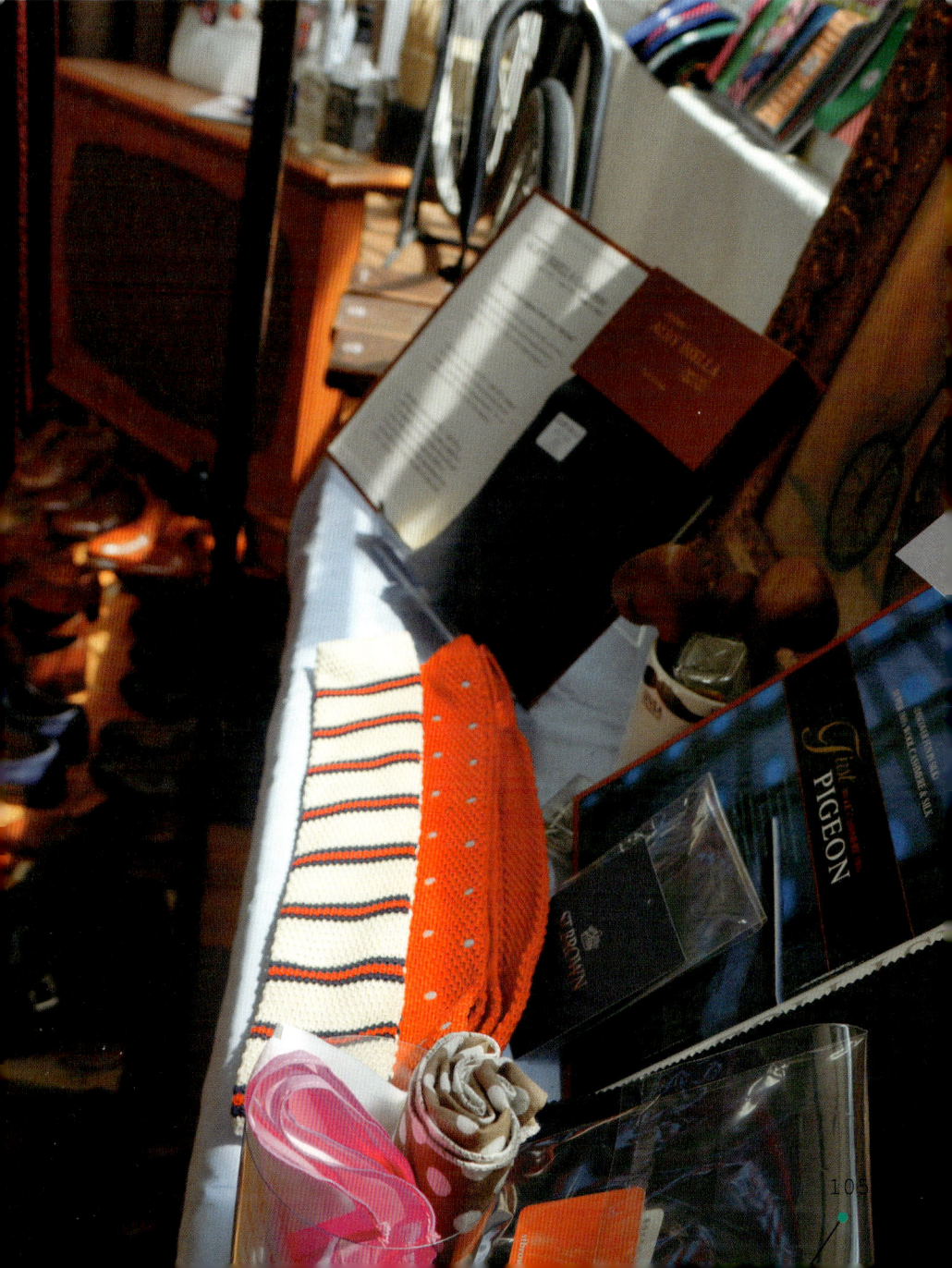

Part 1_ 〈세일즈맨 사전준비〉

Part 2_ 〈세일즈맨 고객만남〉

Part 3_ 〈평생고객 만들기〉

'좌빵우물'이라는 말을 들어본 적이 있는가?

라운드 형 테이블 식사예절 중 테이블 위에 놓인 빵과 물 중 좌측 빵이 내 빵이고 우측 물이 내 물이라는 뜻이다. 호텔식 결혼식장에서 식사 중 한번쯤 헷갈려 했던 이 부분이 너무도 중요한 에티켓이었다는 것을 알고 있는가?

그렇다면 매너와 에티켓은 어떻게 구분할 수 있을까? 쉽게 해석하자면, 에티켓은 그것을 지키지 않았을 때는 두 사람 모두 불편하지만, 매너는 받아들이는 한 사람만 불편하다는 것이다. 즉 에티켓은 하나의 룰이라고 보면 되고, 매너는 상대방을 향한 말없는 배려라고 할 수 있다. 특히 매너는 행하는 사람은 잘 모를 수 있다. 그것을 받아들이는 상대방의 불편함이 더 크기 때문에 오해의 소지가 강하고, 그렇기 때문에 잘 표현해야 한다는 것이다.

얼마 전 기쁜 소식을 전하기 위해

친한 친구에게 전화를 걸었던 적이 있었다. 그런데 전화기 너머 들려오는 목소리를 듣자마자 기쁜 소식을 알려주기는커녕 상대방의 기분상황을 파악하고 끊어야 했던 적이 있었다. 전화를 끊고 계속 고민을 했다. 그 친구에게 내가 실수한 게 있었나, 아니면 내 행동이 그 친구의 기분을 상하게 한걸까? 몇 날 며칠 혼자 끙끙 앓고 있는데 친구에게 아무렇지 않은 듯 전화가 걸려왔다. 전화한날 부부싸움을 했고, 기분이 많이 안 좋았다고 하며 그날 무슨 일 때문에 전화했냐고 되묻는 그 친구의 목소리에 웃음만 나왔던 적이 있었다. 그 친구의 우울하고 심난했던 목소리 때문에 몇 날 며칠을 안절부절 고민만했던 내 자신이 한심스러울 만큼 힘들었던 기억이다. 사소하지만 이렇게 시작되는 모든 일들이 매너에 들어간다. 즉 그것을 행하는 사람보다 받아들이는 상대방에게 피해가 가는 것이 매너이므로, 우리가 고객들을 만날 때에도 항상 고객이 어떻게 받아들일지도 함께 생각해주는 것이 진정한 매너라고 볼 수 있다.

1. 사람들은 편한 사람을 좋아하며, 불편한 사람을 싫어한다

 당신은 편한 사람을 좋아하는가? 불편한 사람을 좋아하는가? 당연히 편한 사람을 더 좋아할 것이다. 대인관계에서 사람들은 나를 좀더 편안하게 해주고 내 이야기를 부담 없이 들어주고, 나를 배려해주는 사람을 좋아한다. 그렇다면 편한 사람과 불편한 사람의 기준은 무엇일까? 시험 답안지처럼 딱 떨어지진 않지만 느낌이 좋고, 그 느낌 속에는 편안한 음성과, 웃는 얼굴과 공손한 태도가 그대로 표현된다. 이렇게 느낌 좋고, 편안한 사람을 고객들도 좋아한다는 사실을 잊지 말자.

1) 감정의 리트머스지 얼굴표정 관리를 잘하자

과거 누군가 만들어낸 이야기 중 재미있는 부분을 하나를 소개할까 한다. 어떤 중년여자가 고등학교 동창회에 나가기 위해 화려하게 차려입고 소형차를 끌고 모임에 나갔다고 한다. 잠시뒤 오랜만에 만난 친구가 에쿠스를 끌고 모임장소로 들어오며 한마디를 던졌다고 한다. "야 티코 얼마 주고 샀니?" 그러자 그 중년여자는 자존심이 상했고 아무 말도 하지 않았다고 한다. 그 친구는 바로 "야~ 그 티코 얼마 주고 샀느냐니까? 우리 아들도 한대 사주게~" 그 중년여자는 화를 꾹 누르고 있다가 참지 못하고 "벤츠 사니까 한대 껴주더라 왜? 됐냐?"며 상대의 입을 다물게 했다는 웃기지만 웃을 수 없는 이야기였다. 누군가 웃고자 만들어낸 유머이지만 흔히 있을 수 있는 이야기라는 것이다. 에쿠스를 탄다고 해서 그 사람의 삶이 꼭 행복한 것만은 아니라는 것이다. 또한 소형차를 탄다고 해서 그 사람의 삶이 불행한 것 또한 아니라는 것이다. 미국의 역대 대통령 링컨은 "사람은 자기나이 40에는 얼굴에 책임을 져야 한다."고 말했듯이, 중년이 되면 자기가 살아온 삶이 얼굴에 그대로 들어나기 때문에 에쿠스를 타든, 티코를 타든 그것이 중요한 것이 아니라 그 사람의 얼굴표정이 살아온 삶을 대변해 준다는 것이다. 그렇기 때문에 얼굴도 경영을 해야 한다는 이야기가 나오고, 학문적으로도 연구된바 있다. 얼굴은 특히 표정은 사람의 감정상태를 그대로 드러내는 곳이기 때문에 대화를 하거나 대면할 때 표정관리가 잘 안 되는 사람일수록 상대를 불편하게 만들 수 있고. 누구에게나 인기가 있고 편한 사람들은 얼굴표정이 좋다는 것 또한 기억하자.

그렇다면 세일즈맨이 가져야 할 얼굴표정은 어떤 표정일까? 일단 편해야 한다. 편한 표정은 누구에게나 호감적이고 대화를 하게 만든다. 편한 표정을 만들기 위해서는 미간주름이 없고, 눈과 입에 자연스럽게 미소가 나와야 한다. 좋은 표정은 당신이 가지고 있는 최대 무기라는 것을 잊지 말자.

2) 스타카토 인사법으로 고객에게 기억되는 세일즈맨이 되자

음악에서 악보상 음을 연주하거나 부를 때 한 박자를 절반 정도의 길이로 끊어서 연주하거나 부르도록 하는 지시표를 스타카토라고한다. 즉 끊임표라고 볼 수 있는데 인사도 누군가에게 잘 기억되게 하기 위해서는 스타카토식으로 끊어서 인사하는 것이 좀더 효과적이라는 것이다. 인사는 처음 만난 사람과의 관계에서 무장해제를 시켜주는 중요한 커뮤니케이션 수단 중 하나이지만, 고객접점 장소라면 인사 또한 전략적이어야 하다는 것이다. 고객이 나를 긍정적으로 인식할 수 있도록, 또는 고객이 다른 행동 중에도 내가 하는 인사를 볼 수 있도록 끊어서 하는 스타카토 인사법이 세일즈맨들에게는 더 긍정적일 수 있다. 그렇다면 스타카토식 인사법은 어떻게 하는 것일까? 간단하다. 말 그대로 끊어서 하면 되는 것이다.

첫째. 안녕하십니까? 말을 하며 허리를 숙이지 말자!

대부분 안녕하십니까? 안녕하세요~하며 인사를 꾸벅 하는 것을 많이 보아왔을 것이다. 이때는 고객이 내 쪽을 바라보게 하거나, 아니면 반갑게 맞이하는 세일즈맨이 잘 인식되도록 인사보다는 목소리에 더 큰 비중을 두자는 것이다. 즉, 고개를 숙이는 것보다 더 중요한 것은 "안녕하십니까?"라는 이 멘트에 좀 더 공을 들여서 편안하고, 밝은 음성으로 고객을 맞이하는 것이 중요하다. 이때 주의점은 얼굴표정이 좋아야한다는 것이다.

둘째. 안녕하십니까? 를 외치며 고객에게 걸어가는 것이다.

고객과 나와의 거리가 좁혀져 있을 때 고객이 보는 시선 앞에서 아무 말하지 않고 인사를 하는 것이다. 이때 주의점은 공손하게 인사하되

고개를 숙인 상태에서 마음속으로 둘을 외치는 것이다. 이것을 STOP 자세라고 하는데 STOP자세에서 고객이 느끼는 감정은 당신이 생각하는 것 보다 훨씬 더 친절하게 느껴지고, 공손하며 좋은 사람일 것이다 라는 절대 긍정을 보여줄 수 있다.

셋째. 인사자세에서 상체를 일으켜 "반갑습니다"라는 멘트와 함께 미소를 잃지 않고 대화를 이어가자.

이렇게 기억되게 하는 인사는 고객의 마음속에 오래도록 남는다.

1. 안녕하십니까?

2. 인사(하나둘) 잠깐멈춤

3. UP방끗

4. 이쪽으로 모시겠습니다

3) 눈빛관리를 잘하자

3초의 진실 이라는 말이 있다. 3초안에 그 사람의 눈빛을 보고 구매결정을 할건지 말 건지를 결정짓는다는 말이다. 사람의 눈은 그 사람의 마음상태를 말해준다. 그만큼 눈빛에서 느껴지는 느낌이 좋아야 한다는 말이다. 생긴 대로 산다는 말이 있듯이 내면상태에 화가 많이 있는 사람들의 눈빛은 날이 서있고 약간 째려보는 듯한 눈빛을 가지고 있고, 내면이 긍정적인 사람들의 눈빛은 사슴의 큰눈처럼 눈빛이 맑고, 눈이 웃고 있는 눈빛을 가지고 있다. 과거 조상들은 사윗감을 들일 때 눈빛에서 느껴지는 기운을 굉장히 크게 보았다고 한다. 그만큼 그 사람이 가지고 있는 내면이 눈빛으로 전달된다고 볼 수 있다. 그렇다면 편안한 눈빛은 어떤 것일까?

첫째. 미간주름이 없어야 한다.
미간주름은 인상을 쓰고 있다는 증거고, 그것으로 인해서 눈동자의 크기가 작게 보일 수 있고, 눈동자에서 느껴지는 까만 홍채가 흰자보다 적게 보이면 강한 인상을 남긴다.

둘째. 눈을 치켜 뜨지 말아야 한다.
눈을 치켜 뜨게 되면 이마 쪽 주름이 생기면서 진실된 눈동자라기보다는 놀랐다라는 느낌이 더 들 수 있다

셋째. 입만 웃는 것이 아니라 눈도 웃고 있어야 한다.
눈이 웃기 위해서는 볼 부위에 광대뼈를 최대한 동그랗게 만들고 눈이 웃을 수 있게 위로 올려주어야 한다. 이것은 연습을 통해서 만들 수 있다.

넷째. 어느 방향을 주시하든 째려보듯 눈동자만 돌려 보는 것이 아니라 얼굴전체를 돌려 바라보아야 한다.

그래야 째려보는 인상을 주지 않고 상대에게 편안한 이미지를 심어줄 수 있다.

세일즈는 신뢰다. 3초의 진실된 눈빛으로 고객의 마음에 오래도록 남는 세일즈맨이 될 수 있다는 것을 잊지 말자.

2. 고객을 방문할 때는 기본 매너에 충실하자

세일즈맨이 고객을 방문한다는 것은 고객에게 많은 부담감을 안겨줄 수 있다. 소개로 고객을 방문해야 하는 경우에는 더 그럴 수 있다. 하지만, 방문 자체로만 본다면 방문은 상대방과의 관계를 더 우호적으로 발전시킬 수 있고, 좀더 나를 보여줄 수 있는 좋은 기회가 될 수 있기 때문에 최대한 기본적인 매너를 익히고 가야 한다. 또한 미리 예약되어 있지 않은 사람과의 동행은 예의에 어긋난다. 그러므로 상대에게 최대한 실례가 되지 않도록 고객을 배려해야 한다.

1) 약속 (약속시간중요, 전략적 만남)

방문은 시간에 대한 에티켓이 매우 크다. 시간약속을 지키기 위한 것은 여러 고객을 만나야 하는 세일즈맨 입장에서는 매우 어려울 수 있지만, 방문에 있어서는 약속시간에 정확히 도착하는 자세가 필요하다. 그렇다면, 약속을 정할 때 어느 시간대에 정하는 것이 좋을까?

첫째. 고객이 원하는 시간대를 최대한 배려해준다.
고객이 세일즈맨을 편하게 만날 수 있는 시간대를 확보해주는 것도 배려이다.

둘째. 식사 시간대는 피하는 것이 좋다.
식사도중 상담을 한다는 것은 매우 위험한 일이며, 고객을 설득하기도 매우 힘들다. 그러므로 식사시간 전이나, 후에 약속을 잡는 것을 원칙으로 하자.

셋째. 약속시간보다 일찍 도착하는 것은 문제가 되지 않으나 단 5분이라도 늦는다면 당신은 이미 그 고객과의 만남을 더 이상 가져가면 안 된다.

고객은 언제나 떠날 준비가 되어있고, 당신이 아니어도 물건을 구매하거나 상품을 계약할만한 세일즈맨은 너무도 많다는 것을 기억하자.

넷째. 일찍 도착했어도 절대 고객에게 알리지 않는 것도 센스다.

10분 더 일찍 도착했다 하여 문자를 보내거나, 전화를 거는 것은 예의에 어긋난다. 정확히 만나기로 한 시간대를 편안하게 기다리되 10분 정도 시간이 지체되었을 때 고객에게 연락하는 것은 실례가 되지 않는다.

다섯째. 미리 도착하여 화장실에서 용모를 점검해본다.

악수할 것을 대비하여 흐르는 물에 손도 닦고, 어깨에 비듬은 없는지 점검하고, 머리끝부터 발끝까지 점검해본다.

여섯째. 방문 시에는 간단한 예의를 표시할 수 있는 선물을 준비하자.

과한 것보다는 회사기념품이나, 디자인이 잘된 초콜릿세트나, 직원들과 함께 먹을 수 있는 간단한 음료 등이 좋다.

2) 우리 만남은~우연히 아니야~ 필연으로 만드는 고객만남

고객의 사무실에 방문하는 경우 미리 방문처에 방문자 이름을 알리고, 가방이나, 코트는 책상 위에 두지 않고 의자나 무릎 위에 놓는다. 상대방이 접견실로 올 때는 반갑게 일어나서 공손하게 인사한다. 음료를 가지고 오거나, 주문하면 감사의 표시를 하며, 먼저 마시지 않고 상대가 권할 때 한 모금 마시는 것도 예의다. 또한 만남 시에는 핸드폰은 미리 진동으로 해놓고, 시계를 계속 보거나 다른 방향으로 시선을 돌리는 것은 예의에서 어긋난다. 고객 방문 시에는 업무 중에 상담을 받는 고객입장을 배려해 너무 오래도록 사무실에 머무르지 않도록 한다.

3) 세일즈의 꽃 상담! 설득보다는 매너다

세일즈를 한다는 느낌보다는 고객에게 좀더 편한 느낌으로 분위기를 만드는 것이 중요하다. 즉 상품을 설명하는 것이 아니라 고객의 입장에서 꼭 이 상품을 선택할 수밖에 없는 기준을 이해하기 쉽게 알려주는 컨설턴트로 매너 있게 행동해야 한다. 본격적으로 고객과의 만남에서 상담으로 들어갈 때는 자사상품에 대한 장점보다는 이 상품이 그 고객에게 필요한 이유를 합당하게 설명해야 한다. 그렇기 때문에 상담 전 고객에 대한 철저한 분석이 필요하다. 제품에 대한 이미지나 지식을 설명할 때도 고객이 제대로 볼 수 있도록 카탈로그 등을 보기 좋은 방향으로 돌려놓는다. 사전에 볼펜과 형광펜도 준비하여, 설명하면서 중요하다고 생각하는 부분에 형광색으로 색칠을 해주면 고객입장에서 중요하다고 인식이 가능하며 펜으로는 별표로 그 중요함을 강조해주는 것도 센스다. 그렇다고 너무 낙서형식의 메모가 아니라, 적절하게 액션을 취하라는 이야기다. 또한 카탈로그 내에 있는 제품을 설명할 때는 손가락으로 지칭하는 것이 아니라, 손바닥을 오므려 상대가 보이게 한 다음 공손한 느낌으로 제품을 지칭하는 것도 매너다. 이미 방문을 허락했다는 것은 80%정도는 마음을 결정하고 나온 거나 다름 없다. 하지만, 나머지 20%로는 당신의 상담능력에 따라 계약서에 사인을 할 수도 있고, 다음에 한번 더 만남을 준비할 수도 있다는 것을 기억하자.

방문 시 다음만남을 이야기하는 고객이라면, 더 이상의 만남은 없다고 보면 된다. 그렇기에 상담에 공을 들여 고객이 원하는 방향으로 예의 있게 맞춤 상담이 가능하도록 사전준비로 고객에 대한 분석이 있어야 한다는 것을 잊지 말자.

3. Take하기 전에 Give를 먼저 하자

개인적으로 물건에 대한 애착이 많은 편이다. 얼마 전 3년 동안 타던 차를 바꾸면서 기존에 타던 차를 보내야 한다는 마음에 섭섭하기도 하고, 과장된 표현일지는 모르지만 눈물도 조금 났던 것 같다. 그런 마음을 알았던지 세일즈맨의 작은 배려를 생각하면 지금도 마음이 훈훈해진다. 중고차로 처분되던 날 마지막으로 한번 더 보고자 지하주차장으로 내려갔다. 키를 건네 받고 운전석에 앉아 손때가 묻은 운전석부터, 여기저기 보던 순간 썬바이져 부분에서 쪽지가 뚝하고 떨어졌다. 순간, 이게 뭘까? 하는 마음에 쪽지를 펼쳐보았다. 쪽지를 보는 순간 마음속에 잔잔한 감동이 밀려오기 시작했다. 그 쪽지에는 이런 글이 써있었다. "안녕하세요? OOO자동차 OOO이라고 합니다. 이 차의 주인이 되신걸 진심으로 축하 드립니다. 이 차는 기존 주인이 정말 많이 아끼던 애마이고요. 앞으로도 소중하게 다루어 주시길 부탁드리겠습니다. 이 차와 함께 고객님께서 하시는 모든 일이 잘되시길 바라며, 다시 한번 축하 드립니다." 라는 쪽지가 썬바이져 위에 있었고, 이

글을 펼쳐 보는 순간 세일즈맨의 작은 배려에 고마웠던 기억이 있다. <mark>세일즈맨의 작은 배려 하나가 고객의 마음속에 잔잔한 감동으로 남는다는 것을 꼭 기억하자.</mark>

1) 겸손하자

겸손이란 사전적의미로 본다면 '남을 존중하고 자기를 내세우지 않는 태도가 있음'을 의미한다. CNN 창업자 테드터너는 '조금만 더 겸손했더라면 나는 완벽했을 것이다'라는 말을 했다. 겸손은 다른 사람에게 가장 불쾌감을 주지 않는 종류의 자신감이라고 볼 수 있다.

벼가 익으면 고개를 숙인다라는 말처럼 성숙한 사람이라면 겸손할 줄 알아야 한다. 우리주변에는 많이 배우고, 업무능력도 뛰어난 사람이 그 능력을 과시하기 위해서 타인에게 말할 기회도 주지 않고 자기주장만 내세우는 사람들이 있다. 특히 고객에게 상품설명을 해야 하는 세일즈맨 입장에서 생각해본다면, 고객이 궁금해 하는 부분을 알아서 이야기해주고 정보를 주는 것은 좋은 상황이나, 앞서서 많은 이야기를 하는 것은 상대에게 불쾌감을 줄 수 있다는 것을 알아두자. 고객은 다양하다. 수 많은 고객들 중 말을 많이 하는 것을 좋아하는 사람이 있는가 하면, 조용조용 혼자 보고 혼자 생각하는 것을 좋아하는 고객 앞에서 자기가 가지고 있는 정보와 상품설명을 늘어놓는다면, 오히려 역효과가 있을 수 있다는 것이다. 특히 요즘 고객들은 인터넷을 통해서 수 많은 정보를 보고 듣고 온다는 것을 안다면, 말을 많이 하기보다는 고객입장에서 들어주는 것을 선택하는 것도 좋은 방법이다. 들어주고 잘 정리해서 고객이 원하는 쪽으로 방향성을 맞춰본다면 겸손한 이미지와 더불어 유능한 세일즈맨이 될 수 있을 것이다.

〈겸손명언〉

In peace there's nothing so becomes a man as modest stillness and humility −William Shakespeare−

평화로울 때에는 조심스러움과 겸손함만큼 남자답게 만드는 것이 없다.
−윌리엄 셰익스피어−

2) 존중하자

존중을 사전적 의미로 본다면 '높이어 귀중하게 대함'을 뜻한다. 높이어 귀중하게 대한다는 것은 과거 '고객은 왕이다'라는 의미와는 다른 의미라고 볼 수 있다. 지금 이 글을 읽고 있는 당신은 혹시 고객보다 나는 아래라고 생각하는가? 그렇다면 왜 그런 생각을 하게 되었는가? 고객은 우리에게 월급을 주는 사람은 맞다. 상품을 팔고, 그 판매 수익에서 일부 수당을 받는 것처럼 우리의 월급은 고객에게 얼마나 많이 판매했느냐에 달려있다고 볼 수 있다. 하지만, 조금 다르게 생각해본다면, 고객은 우리와 함께 가야 할 동반자이며 동등한 관계에서 바라보되, 우리의 매장에 들어온 손님, 내 물건을 사주는 고객, 내 상품에 대해서 관심을 가지고 있는 사람이다. 그런 의미에서 고객보다 내가 아래에 있다가 아니라, 존중하고 배려 해야 할 대상이라는 것이다. 반대로 고객입장이 된다 하더라도 물건을 사주는 사람입장에서 상대를 함부로 대하는 것이 아니라, 배려하는 작은 마음이 필요하다. 세일즈맨이라면, 항상 자신을 낮추고 그렇다고 스스로 비하하지 않는 것이 중요하며, 겸손의 자세로 고객을 존중하는 마음가짐이 필요하다는 것을 기억하자.

〈존중명언〉

당신이 자기보다 못하다고 생각하는 사람들에게 무례하거나 퉁명스럽고, 자기보다 더 낫다고 생각하는 사람들을 공경한다면, 당신은 평생 동안 스스로를 이등시민으로 여기게 될 것이다.

- 조지 와인버그-

3) 배려하자

배려란 사전적 의미로 본다면 '도와주거나 보살펴 주려고 마음을 씀' 이다. 도와주거나 보살펴준다는 것은 말처럼 쉽지 많은 않다. 서비스 접점에 있는 세일즈맨이라면 특히 고객을 배려하는 마음가짐이 필요하나, 이 또한 쉽지 않다는 것이다. 고객이 내가 원하는 방향으로 따라와준다면 문제될 것이 없지만, 상품을 판매할 때는 언제나 고객과의 미묘한 관계가 성립되고, 그 안에서 최대한 상대를 기분 나쁘게 하지 않는 것이 중요하다는 것이다. 특히 보험회사로 본다면, 고객이 한 달치 보험료를 연체시켰을 때, 당신이라면 어떻게 어떤 방법으로 고객에게 연락하겠는가? 자동차판매원으로 본다면, 당장 차는 필요한데, 고객이 신용불량자라면 당신이라면 어떻게 이 상황을 풀어가겠는가? 상대를 배려하는 마음은 내 눈높이에 행하는 것이 아니라, 상대방입장에서 상대의 현 상황에 맞춰서 그 마음을 헤아려 주는 것이다. 최고의 배려는 상대의 자존심을 지켜주는 것을 잊지 말자.

〈배려명언〉

성공의 유일한 비결은 다른 사람의 생각을 이해하고, 자신의 입장과 상대방의 입장에서 동시에 사물을 바라볼 줄 아는 능력이다

- 헨리포드-

4. 몸짓언어를 잘하면 성공지수가 올라간다

우리는 하루에도 수없이 많은 사람들을 만나고 그들과 소통한다. 인간이 의사소통을 하는데 있어 언어가 차지하는 부분은 약7%에 불과하고 나머지 93%는 몸짓이나 표정 자세, 시선 등이 차지하고 있다는 연구결과가 있다. 상대방과의 소통에 있어 전달하고자 하는 메시지의 언어보다는 그 언어를 전달할 때 어떤 표정과 어떤 몸짓으로 표현했는가가 더 중요하다는 것이다. 고객을 만나는 장소 곳곳에서 수없이 오고 가는 대화내용도 중요하지만, 그 대화를 어떤 몸짓으로 표현하고 있는가를 생각해 보아야 한다는 것이다. 몸짓언어는 의사소통의 하나로 들어가며, 말할 때 수반되는 제스처, 손짓, 몸짓, 눈짓 등 비언어적 소통을 이야기한다. 특히 정치인이나, 남 앞에서 강연을 하는 사람 일수록 비언어적인 소통을 전략적으로 가져가고 있으며, 전달하고자 하는 메시지에 힘을 실어 줄 수 있다고 생각한다. 제품에 대한 기본지식이 풍부하다 하더라도, 그것을 전달할 때 나오는 비언어적인 메시지가 언어보다 강력하다는 것이다. 또한 몸짓언어만 잘 활용해도 단시간 내에 고객을 당신의 지지자로 만들 수 있으며, 손동작, 팔의 위치, 몸의 방향에 따라 당신이 전하고자 하는 메시지에 몸짓언어가 힘을 실어줄 수 있다는 것을 잊지 말자.

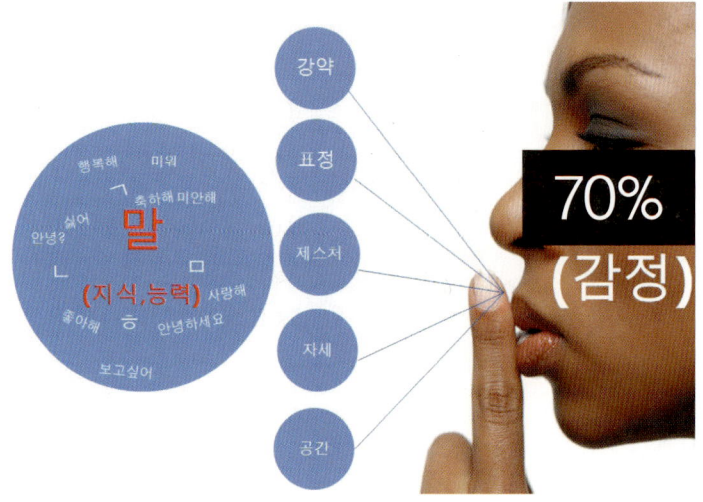

〈언어보다 메세지가 중요하다. 약 70% 이상이 비언어다.〉

1) 공손함을 표현하고자 한다면 손동작을 잘하자

말의 의미를 좀더 효과적으로 활용하기 위해서는 손짓과 몸짓을 적극적으로 활용하면 듣는 이로 하여금 집중시킬 수 있고, 주의를 끌 수 있다. 하지만, 이런 손동작을 잘못 활용하게 된다면 오해의 소지가 있고 불쾌감까지 줄 수 있기에 적절히 잘 사용해야 한다. 특히 서양사람들은 오른손사용을 귀하게 여기고, 동양사람들은 음양에 따라 남성의 손위치와 여성의 손위치가 때에 따라서 달라지기 때문에 적절한 손동작이 심미적인 요인을 나타내고 있고, 특히 손은 어떻게 사용하느냐에 따라 카리스마, 긴장, 자신감, 우월감, 자신의 감정상태를 노출시킨다. 즉, 손의 움직임에 따라 당신의 감정상태가 노출될 수 있다는 얘기다. 그렇기 때문에 고객을 안내하거나, 고객에게 상품설명을 할 때 조금 더 공손한 사용법이 필요하다.

디지털 타임즈 2011년 2월16일자 보도한 실험결과 자료에 의하면 상자를 보여주며 3가지 방법으로 물건을 옮겨달라고 했을 때, 손가락을 이용한 부탁은 28%정도가 도움을 주었고 손을 모아 손등을 보인 부탁은 52%정도가 도움을 주었고, 손을 모아 공손히 손바닥을 보인 부탁은 84%의 도움을 받았다고 한다. 이러한 실험결과처럼 손짓에 따라 상대가 받아들이는 메시지의 의미도 달라질 수 있다. 상품을 설명하거나, 물건을 지칭할 때는 손을 모아 살짝만 오므린 상태가 정중해 보이며, 상담석에 앉아 상담 시에는 두 손을 공손히 오므린 상태에서 고객과의 커뮤니케이션을 해야 한다는 것을 잊지 말자.

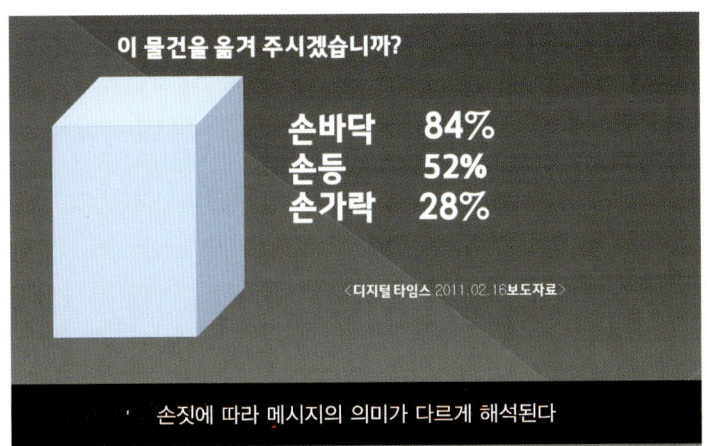

손짓에 따라 메시지의 의미가 다르게 해석된다

Part 1 〈세일즈맨 사전준비〉

Part 2. 〈세일즈맨 고객만남〉

Part 3. 〈평생고객 만들기〉

126. Secret Sales

2) 매너 있는 세일즈맨이 되고 싶다면 팔짱을 끼지 말자

물건을 구입하기 위해 매장에 방문하다 보면 팔짱을 끼고 응대하는 안내원을 만날 때가 있다. 제품에 대한 설명을 열심히 해도 잘 들어오지 않을뿐더러 오히려 불쾌할 때가 있다. 미국의 한 실험결과를 보자. 첫 번째 집단은 강사의 강연 내내 팔짱을 끼고 참가하게 했고, 두 번째 집단은 팔짱을 끼지 않고 참가했을 때, 강연이 끝난 후 두 피실험자가 얼마나 강사의 강연내용을 기억하는지에 대한 실험을 했다. 팔짱을 낀 집단은 기억도가 38%낮고 강사에 대한 기억도 좋지 않았으며 팔짱을 끼지 않은 집단은 기억도 70%이상, 강사에 대한 긍정적인 평가가 높다는 태도를 보였다. 습관적으로 편하기 때문에 팔짱을 낀 사람도 있을 것이다. 하지만 어떤 자세나 행동이 편하다는 것은 그에 상응하는 태도를 가지고 있다. 반대로 재미있는 이야기를 들었을 때 팔짱을 끼고 있는지 풀고 있는지를 생각해 보면, 대부분 팔짱을 끼지 않을수록 그 이야기가 재미있고, 유익하다는 것이다. 그러므로 고객과의 상담 중이거나, 대화 중에는 세일즈맨 스스로 팔짱을 끼지 않는 것이 좋으며 미러링효과처럼 내가 팔짱을 끼게 되면, 상대도 자연스럽게 어색함을 피하기 위해 팔짱을 낀다는 것을 잊지 말자. 내가 하는 이야기가 누군가에게 신뢰감 있고, 긍정적인 평가를 받기 위해서는 지금 당장 팔짱을 풀자.

Part 1_ 〈세일즈맨 사전준비〉

Part 2_ 〈세일즈맨 고객만남〉

Part 3_ 〈평생고객 만들기〉

3) 겸손은 몸의 행동에서 나온다

은퇴를 앞둔 A가 퇴직금을 재테크를 하위해 B재무설계사를 찾아갔다. 주차장에서부터 경비원이 나와 손가락으로 지시를 하며 "어이~그쪽에 대지 말고, 저쪽으로 가세요"라고 말했고, 기분은 나쁘지만, 주차를 하고 1층으로 데스크로 올라갔다. 1층 데스크에 안내원이 있었으나, 아무도 환영하는 사람이 없었으며, A가 B재무설계사를 찾아왔다고 했을 때, 그제서야 시선도 마주치지 않은 상태에서 고갯짓으로 '저쪽이요'라며 엘리베이터를 가리켰고, 엘리베이터에 타서 3층을 누르고 내리니, 수많은 직원들이 근무하고 있었고, 누가 B전문가인지 알 수가 없었다. A는 엘리베이터에서 가장 가까이에 있는 여직원에게 B전문가가 누구냐고 물었고, 여직원은 손가락으로 가리키며 '저기요, 저쪽에 전화 받고 있는 사람이 B전문가 입니다.'라고 말했다. B전문가를 찾아가 인사를 하니, 전화 받던 그대로 고개만 까닥이며, 저쪽에 앉으라는 신호를 손가락으로 했고, B는 테이블에 앉아 전문가를 기다렸다. 잠시 후 B가 전화를 끊고 A가있는 곳으로 왔으며, 많이 기다리게 했음에도 불구하고 사과한마디 없이 슬리퍼를 신은 신발 그대로 자리에 앉았다. 불쾌했지만, 그런대로 상담을 잘해주고, B전문가에게 퇴직금을 맡겨볼까 하는 생각이 들쯤, 아는 지인에게 전화가 왔다. C전문가를 한번 찾아가 보라며, 권유를 했고, 마지막으로 한번 더 상담을 받아야겠다는 생각이 들어 근처 C전문가에게 발길을 옮겼다. 주차장에서부터 주차관리원은 30도 각도의 정중한 인사로 A를 맞이했고, 주차하는 내내 공손하게 A를 안내했다. 차에서 내려 C전문가를 찾아왔다 하니, 엘리베이터버튼을 눌러주며 1층에서 출입증을 교환 받으라고 한다. 1층에 내리니, 안내데스크요원 2명이 벌떡 일어나 인사를 공손하게 하며 '000고객님이시죠? 3층에서 C전문가가 기다리고 있습니다. 안내해드리겠습니다.' 하며 A를 엘리베이터까지 안내하고, 안내원이 함께 탑승하여 3층 전문가에게까지 안내를 받았다. C전문가는 전화통화중이었음에도 불구하고, 수화기를 막은 상태에서 A를 보며 꾸벅 인사를 했다 그리고 바로 전화를 끊더니, A가있는 상담테이블로 뛰어오며 자켓의 윗 단추를 잠그는 모습이 함께 보였다. 그리고 자리에 앉아 "고객님 음료가 준비되어 있습니다. 어떤 차로 드릴까요?"라고 친절하게 안내했다. 당신이라면 과연 B를 선택하겠는가? C를 선택하겠는가? 겸손한 행동은 누구나 좋아한다. 상대를 불편함 없이 편한 상태로 만들어준다 또한 호감적인 이미지까지 함께 가져갈 수 있다. 위의 두 사례는 일반적으로 많은 기업에서 일어나고 있는 하나의 모습일 것이다. 당신이라면, 과연 누구를 선택했겠는가? 겸손한 행동은 고객을 향한 배려있는 마음에서 나온다는 것을 잊지 말자. 고객은 겸손한 세일즈맨을 좋아한다.

5. 고객의 기억 속에 오래도록 남는 세련된 매너

대부분의 세일즈맨들은 친절하다. 친절하다 못해 적극적이다라는 이미지도 함께이다. 하지만, 친절+적극+세련된 매너까지 갖춰본다면, 당신은 더 이상 이 책을 읽지 않아도 된다. 사람에게는 그 사람에게 풍겨나는 분위기라는 것이 있다. 왠지 처음엔 호감적이지 않았으나 세련된 매너 깔끔함. 군더더기 없는 행동들이 눈에 들어올 때 신뢰감이 높아지는 경우가 더 있다. 그렇다면, 친절함을 넘어 세련됨은 무엇을 의미하는가? 위의 '스타카토인사법'을 기억하는가? 바로 동작을 명확하게 하되 끊어서 하는 것이 중요하고, 상대가 바라볼 때 바라보는 시선에서 잠깐 멈춤이 세련된 매너를 만들어낸다. 동작하나하나에 의미를 부여하고, 동작과 동작 사이에 잠깐 멈춤을 하여, 여유 있고 신뢰감 있는 이미지를 보여주는 것이다. 특히 고객을 많이 만나는 사람일수록 세련된 매너가 몸에 배어있어야 한다. 즉, 인위인위적 행동하는 것이 아니라 습관적으로 그런 행동들이 나왔을 때, 더 신뢰감을 가질 수 있다

1) 세련되고 공손한 안내

고객을 응대할 때는 기본 15도 각도목례와 공수자세로 맞이해야 한다. 여기서 공수는 두 손을 어긋나게 마주잡는 것을 의미하며, 남자는 왼손이 오른손 위로 가고, 여자는 오른손이 왼손 위로 가는 것을 의미한다. 기본 바른 자세와 목례로 고객을 안내할 때 세련되어 보이고 공손해 보인다. 고객을 만나는 접점에서는 고객을 안내하는 일은 늘 있는 일이고, 세일즈맨은 세련되고 공손한 느낌이 들 수 있도록 매너가 몸에 배어야 한다. 보험저축을 상담받기 위해 카페에서 재무설계사를 만

난 적이 있었다. 들어올 때 각자 들어왔고, 상담도 만족스럽지 못했지만, 상담이 끝나고 출입문밖으로 나가려 하는데, 그 세일즈맨은 먼저 뛰어가 왼쪽 손으로 문을 열며, 살짝 목례를 하며 인사를 건넸다. 시간이 한참 지난 후에도 그 모습이 머릿속에서 사라지지 않았고, 결국 한 달이 지난 어느 날 그 세일즈맨에게 전화를 걸어 복리저축을 가입했던 적이 있었다. 실제로 그 세일즈맨은 카페에서도 의자를 빼주거나, 출입문으로 걸어갈 때 동선을 방해하지 않는 선에서 손으로 출입문 쪽을 안내했고, 헤어진 자리에서도 살짝 목례로 인사를 했던 기억이 있다. 부족했던 상담보다도, 그의 그런 행동이 머릿속에서 맴돌았고, 그런 행동들이 결국 그를 믿게 되는 계기가 되었다면, 세련된 안내매너 중요하지 않은가? 당신은 어떤 자세로 고객을 안내하고 있는가? 혹 상담에 너무 치우쳐서 이런 디테일한것까지 차마 챙기지 못했던 건 아닌지 생각해보기 바란다. 세일즈는 신뢰다. 그렇다면 그 신뢰를 무엇으로 표현할건지는 매우 중요한 문제이다. 지금부터 세련된 자신의 몸의 언어를 잘 활용해서 고객과의 신뢰감형성에 매너를 무기로 만들어 보는 건 어떨까?

cret Sales

2) 세련되고 공손한 명함전달

명함은 제2의 얼굴로 표현된다. 그렇기 때문에 명함을 받을때는 소중하게 다루어야하며, 명함을 주고받는 매너 또한 기본을 잘 지키는 것이 중요하다. 세일즈맨에게 명함은 자기자신을 표현하는 대표적인 수단이기도 하며, 명함을 주고받을 때 또한 전략적으로 표현해야함을 알아야한다. 특히 처음 방문한 경우에는 자신의 이름을 상대방에게 확실히 알려주는 의미로 명함을 사용하되, 명함을 주고받을 때에는 아랫사람입장에서 윗사람에게, 방문자가 먼저, 직위가 낮은 사람이 높은 사람에게 라는 순서가 있다. 즉, 명함은 나는 이런사람입니다. 라고 아랫사람이나 방문자 입장에서 윗사람이나 높은 사람에게 먼저 주는 것이 예의다. 명함을 교환할때도 예의가 있으며, 특히 세일즈맨은 명함을 이용한 스몰 토크도 가능하다.

■ 명함준비

명함은 고객을 만나기 전 사전에 어느 위치에 있는지 확인하여 고객을 만난 후 바로 건넬 수 있도록 준비해야 한다.

■ 명함 건넬 때 손의 위치

명함을 건넬 때는 상대방에게 내 이름과, 회사이름이 가리지 않도록 건네야 하며, 명함 양끝을 두 손으로 잡은 상태에서 건네거나, 오른손으로 잡고, 왼손을 오른손 아래쪽에 살짝 받치고 주는 두 가지 방법이 있다.

■ 명함 건넬 때 자세

15도 각도로 살짝 고개를 숙인 자세에서 꼭 오른손으로 건넨다.

■ 명함동시교환

명함을 동시 교환할 때는 오른손으로 건네고 왼손으로 받는다.

■ 명함 받고 나서의 스몰 토크

명함을 받고 나서는 바로 명함지갑으로 넣는 것이 아니라, 간단한 스몰 토크를 한다. 명함에 어려운 한자가 있을 경우 "죄송하지만, 가운데 자가 어떻게 되시죠?" 또는 명함에 있는 주소나 회사 위치를 보고 간단하게 스몰 토크 하는 것도 친근감을 표시하는 방법 중 하나이다. '압구정이 사무실이면 근처에 갈 때 한번 들리겠습니다.'

■ 3~4명의 명함을 함께 받을 때

동시에 여러 명과 명함을 교환 받을 때에는 순서대로 교환하되, 명함을 받고 나서 바로 넣는 것이 아니라, 왼쪽 테이블 쪽에 나란히 올려놓고, 회의가 끝나거나, 상담이 끝난 후 명함지갑에 순서대로 정리한다.

■ 명함을 건네는 상황과 순서

남성이 여성에게/연소자가 연장자에게/ 후배가 선배에게
/하급자가 상급자에게

인사

명함 건네기

3) 세련되고 공손한 악수방법

지인의 장례식장에서 아는 선배를 만났던 적이 있다. 오랜만에 반가운 마음에 인사를 건네는데, 선배가 반갑게 악수를 청했던 기억이 있다. 거절하기도 실례인 것 같아서 일단 손은 내밀었지만, 실제로 악수는 장례식장에서는 하지 않는 게 맞다. 장례식장에서는 최대한 고인에 대한 예의를 갖추어야 하며, 호상이라 할지라도 애도해야 하는 자리이므로, 악수의 의미는 맞지 않다. 악수는 인사의 또 다른 이름이라고 보면 된다. 누군가를 만나서 반가움을 표시하고, 적대감을 풀어 줄 수 있는 의미와도 같다. 그렇기 때문에 공손하면서도 세련되게 악수하는 방법을 가져가야 한다.

■ 하지 말아야 할 악수매너

손가락 장난

손을 오래도록 잡고 있는 상태

손가락 끝만 잡는 악수

■ 악수할 때 자세 및 시선
· 선 자세로 오른손으로 악수한다. 왼손은 바지재봉 선에 시선은 상대
  방과 눈맞춤으로 살짝 미소를 띠어준다.
· 악수할 때는 당당한 이미지가 좋다.
· 손을 잡은 상태에서 2~3번 정도 흔들어준다.
· 너무 느슨하게 잡는 것도 예의에 어긋난다. 상대가 불쾌할 수 있다.

■ 악수 받을 때 자세 및 시선
· 살짝 고개를 숙인 상태에서 왼손으로 오른 손목을 살짝 받쳐 잡는다.
· 악수의 기본매너는 한 손으로 하는 것이 올바른 매너지만, 동양사회
  에서는 윗사람이 건네는 악수를 바른 자세로 고개도 숙이지 않는
  상태에서 받는다는 것은 예의가 없어 보일 수 있다.
· 악수를 받을 때는 살짝 고개를 숙였다가, 고개를 들고 상대방을
  향해 살짝 미소로 답한다.

4) 악수 건네는 순서

· 여성이 남성에게   · 윗사람이 손아래 사람에게
· 선배가 후배에게   · 기혼자가 미혼자에게
· 상급자가 하급자에게

*국가원수, 왕족, 성직자 등은 이러한 기준에서 예외가 된다.

**세일즈맨은 방문자 입장이 강하므로 악수를 먼저 건네기보다는
허리를 숙여 인사하는 것이 더 긍정적이게 보인다.**

6. 주고도 욕먹지 않는 선물매너를 지키자

<u>선물은 내용물이 중요한 것이 아니라 의미를 부여하는 것이 더 긍정적이다.</u>

태풍에 떨어진 사과를 낙과라고 합니다. 어느 날 사무실에서 업무를 보고 있는데 기존에 친하게 지내던 자동차 영업세일즈맨이 사무실을 방문했고, 그의 두 팔에는 사과상자가 들려있었다. 마트에서 파는 것처럼 근사하지도 않았고, 나무상자에 지프라기 몇 개 들어가있는 정말 말 그대로 초라하게 사과가 들어있었다. 그는 잠시 들렸다며, 내게 그 상자를 건네고 이렇게 말을 했다. '많이 바쁘시죠? 제 지인의 아버님이 시골에서 사과 농사를 지으시는데 이번 태풍으로 낙과가 많이 생겨 제가 도움을 주고자 많이 구입해서 먹어보니 너무도 맛있더라고요. 고객님 생각에 조금 가져왔습니다.' 그렇게 내게 상자를 주고 차 한잔도 하지 않은 채 바로 출입문으로 뛰어가는 그를 보며 마음이 훈훈했던 기억이 있다. 세일즈맨 입장에서 고객들을 만나다 보면 선물에 대한 부담감이 당연히 크다. 하지만, 고객입장에서면 비싸고 좋은 선물을 받는다는 건 기분 나쁜 일은 아니나, 부담스러울 수 있다. 누군가 소개해달라는 거 아닐까? 다른 상품을 팔아달라는 것 아닐까? 이런 생각을 하다 보면, 오히려 선물의 의미가 긍정적이기 보다는 부정적인 것이 될 수 있기 때문에 선물 하나에도 나만의 메시지 의미가 부여되어 고객에게 전달된다면, 최고의 선물이 될 수 있다.

1) 내방(내 집에 온 손님을 대할 때처럼)

고객이 내방할 때 기념품이나, 작은 선물 정도는 미리 준비해두자. 누구나 할 수 있는, 어느 매장에나 있는 그런 선물이 아니라, 직접 포장하고, 작지만 의미가 있는 선물이면 더 좋다. 예를 들면, 사탕도 사탕

바구니에 모아서 넣어둔다기보다는 사탕을 작은 비닐포장지에 2~3개 정도 넣어서 이름과 전화번호가 있는 메모지를 넣어둔다든가, 볼펜을 선물로 준비한다면, 작은 메모지를 함께 넣어 리본으로 묶는 것도 좋은 방법일수 있다.

선물의 내용물이 중요한 것이 아니라, 그 선물을 어떤 방식으로 어떤 의미로 와 닿게 하는가가 더 중요하다는 것을 잊지 말자.

내방 시 준비해두면 좋은 선물

카라멜 종류의 말캉한 캔디	
캐릭터 펜이나, 잘 써지는 펜2개	
세일즈맨이 직접 쓴 신뢰에 대한 좋은 글	메모와 함께 포장
핸드크림이나, 썬크림	
약국에서 파는 립글로즈	

내방고객 선물 Talk

핸드크림	여러 핸드크림이 있지만, 제가 직접 써봤는데 촉촉하면서 향기도 오래가더라고요. 한번 발라보시면 좋으실거에요.
카라멜캔디	사탕보다는 카라멜이 씹기에도 좋고, 가져가셔서 아이들 주시면 좋아할 겁니다.
립글로즈	겨울철이라 입술이 자주 트고 피가 나는데요~ 요즘 이거 바르고 많이 좋아졌어요. 가실 때 가져가셔서 한번 써보세요.

* 작지만 의미 있게 자신을 PR하자.
고객은 의미 있는 당신의 선물에 신뢰감을 가질 것이다.

2) 방문(세일즈맨이 불청객이 될 수 있는 분위기)

방문선물은 내방선물과는 의미가 다르다. 무언가 세일즈맨이 선물을 따로 구입했다는 것 보다는 회사의 기념품이나, 회사에서 나오지 않은 기념품이라도 회사 마크를 새겨 준비할 필요가 있다. 그렇기에 방문 시 음료수를 사서 간다거나, 케이크, 롤케이크 이런 것보다는 회사기념품, 또는 세일즈맨이 직접 준비했지만, 회사의 이미지가 새겨진 선물이면 더 좋다. 과거 보험사 영업세일즈맨에게 기념주화를 받았던 적이 있었다. 회사 몇 주년 기념 기념주화라며, 의미 있게 건네 받았던 선물을 아직도 진열장 한 편에 보관하고 있으며, 볼 때마다 그 분 생각이 난다. 방문 시에는 고객이 세일즈맨을 부담스럽게 생각할 수 있다. 방문하는 것 자체가 부담일수 있기에 항상 고객을 배려해야 하고, 많은 시간을 뺏지 않는다는 느낌으로 고객에게 사전 시간과, 어떤 부분 때문에 방문한다라는 이야기를 꼭 해야 한다. 방문 시 선물을 사왔다는 이미지를 주게 되면, 더 부담스러울 수 있기에 회사의 기념품처럼 전달하는 것도 좋은 방법이 될 수 있다.

방문 시 주면 좋은 선물

회사 기념품	볼펜, 메모지, 기념주화
작은 아날로그분위기의 탁상시계	마니아들은 많이 좋아함
머그컵	회사명칭, 이름
탁상용 세련된 거울	회사명칭, 이름

꼭 기념품에 회사명칭이나 내 이름을 꼭 넣자.
기념품에 회사명칭이나 이름을 넣을 때에는 작게 보이지 않는 곳에 넣자.
너무 이름이 크게 부각되면 이 또한 활용하지 않을 수 있다는 것을 기억하자.

3) 기념선물(생일, 결혼기념일, 자녀생일)

고객의 생일이나, 기념일에는 조금 더 의미 있는 선물이 필요하다. 물론 금액적으로 부담스러울 수 있으나, 당신만의 VIP고객이라면 할 수 있지 않을까? 세일즈맨이 할 수 있는 가장 큰 기념일은 아마도 생일일 것이다. 생일날에는 누구든 축하 받고 싶고, 기억되고 싶어한다. 그렇기에 고객의 생일만큼은 꼭 챙겨야 한다. 그렇다면 고객의 생일날에는 어떤 선물이 좋을까? 보통 케이크와 꽃다발을 하는 경우가 있다. 이 경우 남들도 다하는 것이기에 의미가 퇴색될 수 있다. 그렇다면 의미 있는 선물은 어떤 것이 있을까? 상황별로 선별해 보았다.

첫째. 고객 본인 생일

베스트셀러 책, 작은 사기인형, 몸에 좋은 견과류

둘째. 결혼기념일

케이크, 향초, 영화티켓

셋째. 자녀생일

자녀생일에는 선물보다는 문자로 보내는 것이 더 의미가 있다.

7. 친절한 고객은 친절한 내가 만든다

상대가 친절하지 않다고 당신은 화를 내거나 불쾌한적이 있는가? 식당에 가서 밥을 먹다가 머리카락이나 이물질이 나왔을 때 종업원이 친절하지 않았던 적이 있는가? 그래서 불쾌했다면, 어떤 말이 당신을 화나게 했는가? 거울은 혼자 웃지 않는다는 미러링효과처럼 상대의 불쾌한 행동과 화가 나게 했던 말들은 어쩌면, 내 행동을 상대가 보고 그대로 따라 하고 있었는지도 모른다. 된장찌개를 맛있게 먹다가 이물질 나왔을 때 종업원을 대했던 당신의 행동과 언어를 생각해 본다면, 내 모습이 그대로 상대에게서 보였다는 것이다. 그렇기에 상대를 컨트롤하고 내게 우호적인 사람으로 만들기 위해서는 당신의 행동에서 나오는 태도를 점검해 보아야 한다. 즉, 친절한 상대는 친절한 내가 만드는 것이다. 또한 상대를 컨트롤 하고 싶다면 우선 상대에게 바라는 메시지와 행동을 당신이 먼저 솔선수범 보여주는 것이다. 친절한 고객도 친절한 내가 만들 수 있다는 것을 잊지 말자.

1) 당신의 목소리 좀더 공들여서 말하라! 메시지와 감정은 짝꿍이다

고객을 접점으로 늘 고객과 접촉하는 세일즈맨은 평상시 어떤 느낌으로 상대에게 대화를 하고 있는지 한번쯤 캠코더로 찍어볼 필요가 있다. 나는 친절하게 말했는데, 상대에게 아무 감정도 없는데도 불구하고, 상대는 기분 나빠하고 있다면 아마도 메시지의 긍정적인 의미보다는 그 메시지를 전달할 때 당신의 감정이 부정적이지는 안았는지 점검해 볼 필요가 있다. 화를 불러일으키는 말을 유심히 들어보면, 상대가 전달하는 메시지보다 그 메시지를 전달할 때의 감정적인 부분이 더 크게 와 닿을 때가 있다. 아래 공식을 꼭 기억하자.

피채희의 긍정메시지 공식

메시지(긍정)+감정(긍정)=느낌(긍정)
메시지가 긍정적일 때 그 메시지를 전달하는 감정이 긍정적이면 상대가 느끼는 느낌도 긍정적이다.

메시지(긍정)+감정(부정)=느낌(부정)
메시지가 긍정이어도 그 메시지를 전달하는 감정이 부정적이면 상대가 느끼는 느낌은 부정적이다.

메시지(부정)+감정(긍정)=느낌(긍정)
메시지가 부정적이어도 그 메시지를 전달하는 감정이 긍정적이면 상대가 느끼는 느낌은 긍정적이다.

유능한 세일즈맨은 고객을 컨트롤한다. 그 컨트롤의 능력은 대화에서 온다. 대화가 부드럽고 편안하면 당신의 고객은 이미 당신의 말에 신뢰감 느꼈을 것이다.

목소리가 크다고 해서 그 사람이 유능해 보이는 것은 아니다. 차분한 목소리, 조용하지만 자신감 있는 목소리 톤에서 신뢰감이 나오는 것을 기억하자. 타고난 음성이 강하고, 듣기 불편하다면, 보이스 코칭을 통해서라도 개선해야 한다. 개성으로 가져갈 수도 있지만,

불특정다수의 고객을 만난다고 생각해보면, 강한 목소리 톤이 당신의 첫인상에 막대한 지장을 줄 수도 있다는 것을 생각해보자. 개선의 목적이 느껴지지 않는가?

2) 세일즈맨의 전화매너 고객이 불편함을 느끼지 않게 하라

전화를 건다는 것은 받는다는 것보다 훨씬 세심한 배려가 필요하다. 전화로도 세일즈가 가능하다면, 그래서 판매로 이뤄질 수 있다면, 전화를 거는 것 또한 기본적인 전략과 치밀한 계획에 의해서 해야 한다는 것이다. 그렇기에 세일즈맨은 전략적인 전화를 통해서 고객이 느끼지 못하도록 매너 있게 통화할 수 있는 방법을 습득해야 한다.

첫째. 회사와 이름을 먼저 밝힌다.

유능한 세일즈맨은 어디서든 자신이 누구인지를 명확하게 밝히는 것부터 시작한다.

"안녕하세요? OOO회사 OOO입니다. 시간 괜찮으십니까?"라고 먼저 묻는 것이 고객을 안심시킬 수 있다.

둘째. 요즘 근황보다도 고객에게 있어 이슈거리를 먼저 말한다.

"요즘 어떠세요?" 라고 묻는 것은 프로가 아니다. "고객님 5월에 생일을 맞이하여 가족들과 함께 즐거운 시간 보내셨어요?", "고객님 SNS 보니 요즘 좋은 일이 있으신가 봐요?" 등 말문을 열어주는 역할을 먼저 한 후에 고객이 말을 건넬 때 최대한 들어주고, 본인이 전화한 용건을 말한다.

셋째. 만남을 허락 받아라.

고객에게 전화는 이유는 목적은 여러가지 이유가 있겠지만, 그중 가장 큰 이유는 방문을 약속받는 것일 수 있다. 물론 짧은 통화로 만남을 이끌어내기란 쉬운 일은 아니다. 전화상 무언가를 결론내기 위해서 조급하게 당신 혼자 말을 이끌어간다면, 방문을 허락 받기는 쉽지 않을 것이다. 당신의 역할은 고객의 말문을 최대한 열어주는 것이며, 분위기가 좋아지면 그때 목적을 말해도 늦지 않는다.

3) 언어표현도 전략이다. 당신이 부르는 고객의 호칭에도 공을 들이자

비행하는 승무원은 고객을 대할 때 '손님'이라는 호칭을 사용한다. 흔히 사용하는 '고객님'의 고객은 물건을 사러 오는 손님이라는 뜻으로 이미 높임의 의미가 있다. 그렇기에 일반적인 맞춤 표기법에서는 고객님보다는 손님 이라는 표현이 맞다. 하지만, '고객만족도 향상을 위한 네트워크 서비스 성공요소 연구' 라는 논문에 따르면 소비자들은 '고객님'이라고 부르는 호칭을 가장 좋아한다는 결과가 나왔다. 고객님에 대한 호감도는 68.2%를 차지해 가장 정중하다는 느낌을 주고 있다. 그렇다면, 세일즈맨 입장에서는 어떤 호칭을 써야 할까? 상황에 따라 달라질 수 있겠지만, '고객'이라는 사전적 의미는 상점에 물건을 사러 오는 손님, 단골로 오는 손님이라는 뜻이 있다. 정확히 말하자면, 세일즈맨이 고객을 대할 때의 호칭은 '고객님'으로 하는 것이 긍정적이다. 어느 정도 친분이 형성되고, 편해질 때에는 고객이 가지고 있는 정식호칭, 예를 들면 직위나 직업에 맞는 호칭을 구사해도 무방하다. 단, 사장님이라고 호칭을 부른다면, 사장님의 '사'자에 언어 톤을 강하게 가져가는 것보다는 부드럽고 공손하게 가져가야 하며, 선생님 이라는 호칭을 쓰게 된다면, 좀더 공손하게 명칭을 불러주어야 한다는 것을 잊지 말자. 특히 직급이 낮은 고객입장에서는 대리님, 과장님보다는 오히려 고객님이라는 호칭이 더 호감적일 수 있다는 것을 기억하자.

> **〈세일즈맨 공식 고객명칭〉**
> 고객님 – 가장 좋은 표현
> 사장님 – 실제 친분관계가 유지되었을 때
> 선생님, 강사님, 부장님, 이사님– 직급이 어느 정도 있는 고객의 실제 직위
> 사원, 대리 – 고객님으로 통일

8. 고객성향별 만남 노하우를 터득하라

상담을 하다 보면 예상치 못한 분위기가 만들어질 때가 있다. 분명 약속시간에 정확히 왔음에도 화를 낸다거나, 표정이 좋지 않다거나, 조금 전 대화할때는 잘 되는듯하다가도, 시간이 지나서 이야기해보면 전혀 다른 말을 하고 있다거나, 고객입장이 되어보면 충분히 이해할 수는 있다. 하지만 사람은 자기가 가지고 있는 고유한 특성이 있다. 이것은 한 순간에 만들어졌다기보다는 각자가 살아온 환경에 따라 달라질 수 있다. 어떤 이는 혈액형에 따라 성격이 다르다고 하지만, 정확한 근거는 없는듯하다. 그렇기에 고객의 일반적인 언어 패턴에 의해 고객성향을 나누어 보았다. 말에 패턴으로 보았을 때, 목소리가 굵고 성격이 급하고, 결론 짓기를 먼저 하는 고객을 주도적인 고객이라 하고, 언제나 방끗 웃어주고 어떤 말을 하든 우호적인 고객을 사교적인 고객이라 하며, 어떤 말을 하든 자신의 감정상태를 들어내지 않는 고객을 순응적 고객이라 하겠다. 그리고 상담 시 미리 상황을 분석하고, 제품에 대한 기본지식이 많으며, 가격에 민감한 고객을 분석적 고객이라고 하겠다. 이제부터는 이 4가지 유형 고객에 대한 긍정적인 만남을 위한 대응법을 매너를 중심으로 알아보자.

주도적

보스적 기질이 강한 주도적인 고객은, 일단 목소리가 크고 굵다. 결정도 매우 빠르다. 리더십이 강하고, 누군가를 리드하려는 성향이 매우 강하다. 그러므로 주도적인 고객을 만나는 세일즈맨이라면 말에 패턴에서 미리 파악을 한 후 잘 들어주는 쪽을 택하되, 결정권한은 고객이 쥐고 있어야 한다.

예) A와 B중 제가 생각할 땐 B를 선택하는 것이 고객님께 유리할 수 있습니다. (X)
A와 B중 고객님은 어떤 상품이 더 맘에 드십니까? (O)

사교적

잘 웃고 누구에게나 편안하게 다가오는 사교형 고객의 특징은 인사를 잘한다는 것이다. 어떤 말을 하든 호응도가 좋고, 결단을 잘 내리지 못한다는 단점은 있지만, 세일즈맨이 설명하는 상품에 대한 반응이 매우 좋기 때문에 아이스브레이킹이나, 칭찬위주의 상담이 이루어져야 하며, 특히 사교형 고객은 이 물건을 구입했을 때 세일즈맨에게 들어가는 이득까지도 생각하기 때문에 세일즈맨 입장에서는 매우 우호적인 고객이라고 볼 수 있다. 재촉하지 말고 부드럽게 상담을 리드해가며, 유명인 중 누가 이 제품을 함께 구입했는지를 말해주면 상품선택을 빨리 할 수 있는 고객이다.

예) 고객님 A의 상품가격은 000이 구요. B의 상품가격은 000입니다. 고객님이 보시기에 어떤 상품이 더 마음에 드십니까? (X)

고객님 곧 휴가철이죠. 자녀분과 함께 이차를 타고 동해 바닷가를 달리는 상상을 해보세요. 온 가족이 타기에 공간도 넓고 매우 만족할만한 제품입니다. (O)

순응형

자기로 인해서 상대방에게 피해 주는 것을 매우 싫어하며 책임감이 강한 순응형 고객은관계의 지속성에서 편안함을 주어야 한다. 예상치 못한 상황에 당혹스러워 할 수 있고, 예측하지 못한 돌발 상황에서 매우 당혹스러워 할 수 있으므로, 기본적인 매너와 에티켓이 준비된 상태에서 고객을 만나야 한다. 상품 가입으로 인해 고객이 얼마나 안정된 삶을 살 수 있는지에 대해서 어필해야 하며, 선택의 폭을 좁혀서 제안하고 제안시간을 두어야 한다. 또한 평생 제품에 대한 책임을 세일즈맨이 직접 하겠다는 안심을 주어야 한다.

예) 고객님 A제품과B제품 중에 어떤 것으로 하시겠습니까? (X)

고객님 A제품과 B제품 중에 고객님의 여러 가지 상황을 고려한 결과 B제품을 추천해 드립니다. 이 제품에 대해서는 저를 믿으셔도 좋습니다. (O)

분석형

잘 웃지 않고 대체적인 인상을 보면 턱이 뾰족하고, 말투가 군더더기 없이 단정한 분석형고객은 침착하고 완벽주의적인 성향이 있어 철저하게 준비하지 않은 상태에서의 만남은 부정적인 이미지를 줄 수 있다는 것을 명심하자. 제품에 대한 장점도 명확한 근거에 의해서 설명해야 하며, 회사의 지침이나 방침 등은 지면을 활용한 근거를 제시하는 것이 도움이 될 수 있다. 개인적이고 사적인 이야기는 가급적 하지 않는 것이 좋다. 오히려 분석형 고객에게는 무조건 좋다라는 말보다는 상품에 대한 장점과 솔직하게 단점까지도 이야기하면 더 신뢰감을 가질 수 있다.

예) 고객님 이 제품은요 연예인 OOO도 구입했던 제품이고요. 제가 써보았지만 정말 좋습니다. (X)

고객님이 보신 제품은 OOO한 장점이 있지만, 장점대비 다른 타사에 비해 가격대가 조금 높은 것이 부담되실 수 있습니다. (O)

고객의 행동이나 말투를 분석하여 고객성향에 맞춰 상담할 수 있도록 좀 더 세심한 나만의 관리 노하우를 만들자.

9. 공감대화법은 세일즈맨의 필수 표현법이다

세일즈맨은 직접 경험하지 않아도 상대의 얼굴표정만 봐도 그 사람의 마음상태를 빨리 캐치해야 한다. 예를 들어 상대가 말을 잘 하려 하지 않을 때에는 잘 들어주는 것만으로도 상대의 말문을 열게 할 수 있다. 들어주는 것도 능력이고, 세일즈맨의 필수요소 중 경청능력은 성공지수를 높일 수 있는 가장 빠른 수단일 수 있다. 상대가 내 이야기를 잘 듣고 있구나 라는 생각이 드는 순간 세일즈맨을 믿게 되고, 무장해제될 수 있다는 것을 잊지 말자.

공감대화법은 고객의 이야기를 잘 듣고 있는 신뢰감을 줄 수 있는 최상의 표현법이라는 것도 기억하자.

〈공감대화법시 필요한 말〉
- 네~/ 네~고객님 충분히 공감합니다.
- 아~/ 아~네 저도 같은 상황이 있었는데요, 충분히 이해가 됩니다.
- 맞습니다~/ 맞습니다 고객님.
  저도 고객님 입장이라면 충분히 이해가 되는 부분입니다

10. 마지막을 잘하는 세일즈맨 성공지수가 높다

고객과의 마지막 만남 어떤 느낌으로 기억되고 싶은가? 상담이 끝난 후 고객을 배웅하거나 방문 시 고객과의 마지막 어떻게 어떤 느낌으로 고객에게 기억되고 싶은가? 이왕이면 긍정적이고, 또 만나고 싶은 세일즈맨이어야 하지 않을까. 또 보고 싶은 사람이란 어떤 행동을 했을 때일까? 첫째는 상담 내내 편안했다면, 마지막 자리에서 일어서서 계약서나 상담서를 건넬 때 깍듯이 고객을 향해 정중히 인사하며 공손히 이 만남이 내겐 너무 소중했다라는 이미지를 심어주어야 한다. "고객님 오늘 처음 뵈었지만, 저를 편안하게 대해주셔서 감사 드립니다. 제가 어떻게 원하는 쪽으로 상담을 잘해드렸는지 혹시라도 불편함을 드리진 안았는지 걱정이 됩니다. 이렇게 좋은 분을 만나게 해준 OOO에게도 오히려 제가 참 감사 드립니다. 다음에 또 뵙길 희망합니다." 라는 절대긍정, 최대긍정으로 고객과의 상담 마지막을 장식해야 한다. 둘째는 고객과의 만남 후 사무실에 돌아와서 간단히 문자를 넣는 것이다."이렇게 날씨가 화창한날 오후 고객님과의 만남으로 오늘 하루가 행복했습니다. 실례가 되지 않는다면 종종 찾아 뵙고 싶습니다. 오늘 하루도 활짝 웃는 고객님만의 시간이 되셨으면 합니다." 감성문자로 고객과의 마지막을 장식한다면 고객의 머릿속에 오래도록 기억될 수 있다.

세일즈는?

세일즈는 자신과의 싸움이다. 얼마나 나 자신을 컨트롤할 수 있냐에 따라 결과는 달라질 수 있다. 그렇기에 체계적이어야 하고, 꼭 해야 하는 것은 순서를 지켜가며 실천에 옮겨야 하며, 시스템적으로 접근하는 것이 세일의 매력이다. 위의 표처럼 처음부터 인맥으로 인한 또는 능력이 좋아 실적이 높게 올라갔다 하더라도 꾸준한 고객관리를 하지 못하면 그래프가 내려 하는 것은 한 순간이며, 다시 올라가기란 쉽지 않다. 하지만. 처음 미진한 실력과 판매에 있어 부족함을 보여도 꾸준하게 시간을 두고 전략적인 시스템을 만들고, 한번 만난 고객들에 대한 관리를 전략적으로 만들어간 세일즈맨의 그래프곡선은 어느 시점이 되면 변곡점을 맞이하게 된다. 그래프의 선은 몰라보게 올라간다. 물론 슬럼프도 있고, 판매의 흐름도 있기에 일시적으로 내려갈 순 있지만. 그래프의 곡선이 바닥을 치진 않는다는 얘기다.

즉, 꾸준한 고객관리는 고객과의 관계에서 신뢰를 만들고 신뢰는 충성고객과 더불어 평생고객으로 만들 수 있다는 이야기다. 유능한 세일즈맨은 지금 당장 실적이 중요한 것이 아니라, 시스템을 만들고, 그 시스템 안에서 꾸준한 고객관리를 모두 실천하고 있다는 것이다. 고객관리라는 것은 대충이란 게 없다. 노력한 만큼 결과가 명확하게 나오기 때문에 얼만큼 관심을 가지고 시스템적으로 접근했는지가 중요하다.

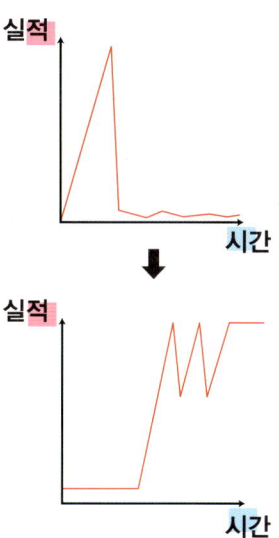

1. 나를 잊지 말아요~ DM[Direct Marketing]

물망초의 꽃말을 아는가? 물망초의 꽃말은 '나를 잊지 말아요' 라는 의미가 있다. 우편물에 꽂힌 수많은 DM을 보며 당신은 무슨 생각을 했는가? 내 DM도 저렇게 버려지진 않을까? 그런 생각을 하다 보면 고객에게 DM보내는 일을 게을리 할 수 있고, 세일즈맨 스스로도 지쳐간다. 하지만 기억에 남는 DM은 절대 버려질 수가 없다. 당신은 고객에게 기억에 남는 DM을 보낸 적이 있는가? 내가 원하는 것만 DM에 실어 보내지는 않았는지 생각해 보길 바란다. 기억에 남는 DM이란, 고객 맞춤형, 또는 이벤트성 DM으로 나눠볼 수 있다. 첫째, 기억에 남는 DM이란, 고객나이대별로 원하는 바가 다르므로, 나이 대를 구분하여 관심분야를 달리 보내주는 것이다. 20대는 여행이나, 취미, 연애에 대한 관심도가 높고, 30대는 결혼, 집, 재테크에 관심이 높다. 또한 40,50대 중 장년층은 자녀의 진로나, 학업성적에 관심이 높으므로 관련데이터를 분류하여 보고 싶은 DM, 기다려지는 DM으로 만들어보는 건 어떨까? 두 번째는 이벤트성 DM이다. 말 그대로 이벤트성이므로 신중하게 고객을 분류해야 한다. 예를 들면, 연초에 DM을 발송할 때 가장 고객들이 원하는 게 무엇일까? 바로 대박 이라는 단어를 많이 쓰듯이, 연초에 로또복권을 DM발송 시 넣는 세일즈맨도 있다. 하지만, 양이 너무 많으면 세일즈맨입장에서 부담스럽기 때문에 30명 정도로 명단을 분류하여 30명의 DM속에는 로또복권을 하나씩 넣는 방식이다. 이대로 끝나면 버려지는 DM일수 있으니, 이때는 30명 모두에게 문자나 전화를 넣어 안부도 물을 겸, 이번 DM에 고객님 한 해 동안 대박나시라고 복권 한 장 넣어 드렸습니다. 꼭 확인하시고, 당첨되시면 밥 한끼 사주세요. 라는 말과 함께 하면 자연스럽게 대화를 이어갈 수 있다. 물론 이 외에도 좋은 방법들은 많이 있다. 하지만 꼭 명심해야 하는 것은 물망초의 꽃말처럼 DM이란 끊임없이 내 이름을 기억해달라는 의미가 있다는 것이다. 버려질 DM이라도 고객의 기억속에 당신이 잊혀지지 않길 바라는 그 마음이 DM속에는 담겨있다는 것을 기억하자.

또한 모든 판매왕의 공통점은 '꾸준함'이었다는 것을 잊지 말자. DM발송의 꾸준함으로 고객의 마음속에 당신 이름 석자가 기억되기를 바란다.

〈DM발송 주의사항〉

- DM의 목적을 분명히 한다
- DM발송 명단을 잘 선정한다
- 정확한 DM명단을 작성한다
- DM의 발송 시기를 잘 선택한다
- 다량의 DM을 보낼 때는 샘플부터 발송한다
- 받는 사람이 봉투를 뜯게 만드는 아이디어가 필요하다
- 구매결정권이 있는 사람이나 또는 구매에 강한 영향력을 행사할 수 있는 사람 앞으로 발송한다.
- 카탈로그만의 DM은 DM이 아니다
- 단발 위주의 DM은 효과가 적다
- 개인적으로 접근한다
- DM은 미적 측면보다 심리적 측면에서 다루어져야 한다

2. 문자와 SNS를 구분해서, 하지만 문자는 전략적으로 같은 시간대에

상담을 받았던 세일즈맨에게 어느 날 개인 SNS로 안부 글이 도착했다. 글을 보는 순간 기분이 불쾌했다 한번 만나 상담 받은 게 전부임에도 개인 SNS로 글이 도착했을 때 기분은 개인공간을 침범 당한 그런 느낌이었다. 요즘 수 많은 사람들이 개인 SNS를 통한 소통을 주고받는다. 심지어, 주차해놓았던 곳에 뒤차가 차를 빼달라며 전화도 문자도 아닌 SNS로 상황을 알려줄 땐 더 소름 끼칠 정도로 싫어진다. 문자는 공식적으로 세일즈맨에게 사용할 수 있는 공간이라면 개인 SNS는 지극히 개인적인 공간이므로 상대의 허락을 구한 후에 사용해야 함에도 불구하고 요즘 수많은 세일즈맨들이 문자비용이 들어간다는 이유로 SNS를 선택하고 있는 경우가 많다. 하지만 이는 지극히 개인공간이라는 것을 알아두자. 호의적인 고객이야 긍정적으로 받아들일 수 있지만, 그렇지않은 깐깐한 고객 입장에서는 충분히 문제시될 수 있다는 것을 기억하자.

〈문자 발송 시 주의사항〉
- 미리 예약문자를 넣어둘 수 있는 장점이 있다.
- 대량문자 발송이라는 느낌을 주면 안 된다.
- 짧고 간결하게 보낸다.
- 진실한 마음을 담는다.
- 날짜와 시간을 정해서 보낸다.
- 기념일엔 그 사람만의 이야기로 축하메시지를 보낸다.
- 상품에 대한 기본 알림은 일주일전에 보낸다.
- 공식적인 문자는 SNS보다는 문자로 발송한다.

〈문자는 상대에게 기억될 수 있게
전략적인 시간대와 전략적인 메시지로〉

- 매주 월요일 아침 같은 시간대에
- 날씨와 관련된 스토리로
- 재미있는 캐릭터를 함께해서

<요일,시간>
월요일
오전11시

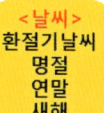
<날씨>
환절기날씨
명절
연말
새해

<이슈>
재미있는
캐릭터사용
이모티콘등

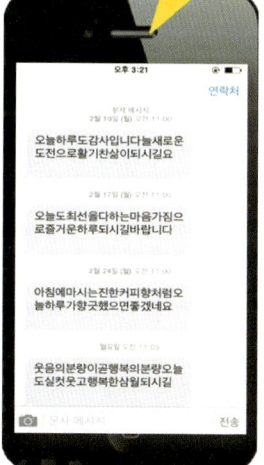

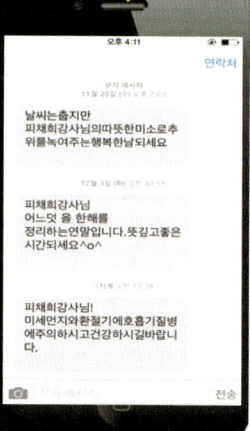

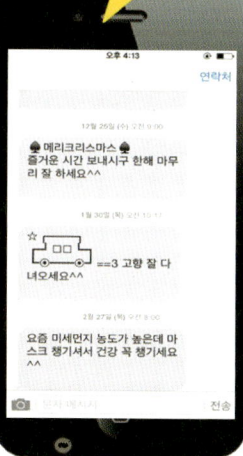

3. 메일은 제목이 중요하다

지금 당신의 메일을 열어보자. 아마도 수십 통의 메일 중 10건 정도는 상품에 대한 정보와 아니면, 상품가입을 한 후 관리차원에서 정보를 주는 회사들의 메일일 것이다. 그렇다면 당신은 그 메일을 하나하나 열어보는가? 누가 보냈는지. 왜 보냈는지 궁금해서 열어보는가? 아니면 의례히 메일이 왔으니까 열어보는가? 대부분은 내 이메일로 오기로 되어있는 메일 외에는 열어보지 않고 삭제 되는 경우가 대부분이다. 그렇다면 내 메일이 고객에게 기억되게 하기 위해서는 어떻게 해야 할까? 읽지 않는다는 가정하에 고객의 마음속에 계속해서 기억되게 하기 위해서는 당신의 이름석자가 중요하다. 메일 보낼 때 당신의 이름을 부각시키는 일에 더 집중하자는 이야기다.

예 시
1. OOO생명 피채희 자산전문가 입니다. 안부메일 넣습니다.
2. OOO자동차 피채희 자동차 판매원입니다. ^^
3. OOO생명 피채희 관리사입니다.
   이번 호에 중요한 정보를 많이 넣어 보았습니다.
4. OOO헬스 피채희 트레이너입니다.
   회원님께 중요정보가 있어 알려드립니다
5. OOOO아카데미 피채희대표입니다.
   이번 호에는 OOO동영상 자료를 만들어 보았습니다.
   필요하시면 다운받으세요.

위의 예시문장처럼 먼저 회사명칭과 이름 석자를 끊임없이 알리는 것이 중요합니다. 그 아래 있는 글을 고객들이 보지 않아도 회사와 이름만 기억하더라도 '아~ 이사람 계속 이 회사에 있구나' 이렇게 만이라도 인식할 수 있다면, 당신은 성공한 것이다.

〈이메일 넣을 때 주의사항〉
- 지나친 감정표현을 자제한다.
- 간결하고 효과적으로 필요한 사항을 쓴다.
- 상대방이 원하는 이메일을 보낸다.
- 수신인이 너무 많이 넣지 않도록 한다.
- 수신인란과 참조인란을 구분한다.
- 개인 이메일 주소는 노출시키지 말자.
- 가장 적절한 이 메일 주소를 활용한다.
- 호칭은 자연스럽고 정중하게 하자.
- 친근함과 무례함을 구별하자.
- 맺음말도 공손하게 하자.
- 서체, 글자크기, 글자 색을 적절하게 사용하자.

4. 실적이 좋은 세일즈맨의 비밀 손편지에 있다

요즘같은 디지털시대에 아날로그식 손편지를 받아본다면 당신이라면 어떤 감정이 먼저 들까? 미국의 유명한 자동차 판매왕 조지 라드는 고객들에게 엽서로 자신의 마음을 표현하고 고객들에게 많은 사랑을 받았던 세일즈맨이다. 비록 작은 엽서지만, 고객의 맘속에 잔잔한 감동을 불러일으켰다는 이야기다. 손편지란 세일즈하는 사람이라면 한 번쯤 시도해볼 만하다. 하지만 이때에도 자기만의 룰이 있어야 한다. 너무 많은 명단을 확보하다 보면 스스로 지칠 수 있고, 한 달에 30통을 쓰겠다 라고 한다면, 하루 한 통만 쓰는 걸로 연습을 해야 한다는 말이다. 한꺼번에 30통을 쓰겠다라고 자기만의 목표를 잡다 보면 쉽게 포기할 수 있고 스스로 지쳐 더는 손 편지를 쓰고 싶지 않을 수 있다.

모든 시작이 중요하므로 스스로 계획을 세우고 고객에게 감사한 마음을 전달하는 감동을 함께 줄 수 있는 손 편지로 고객관리 해보는 건 어떨까?

손편지는 직접 자기 손으로 써야 한다. 또한 자기자랑이나 상품에 대한 지나친 이야기는 쓰지 않는 것이 좋다. 고객에게 보낼 다양한 엽서를 계절별로 준비하는 것도 좋다. 화제의 70%정도는 고객중심적으로 쓰고, 편지를 보낼 명단구성과 시간을 정해서 쓰는 것이 효율적이며, 하루 5통 이상을 넘지 않게 시작하는 것이 오래 쓸 수 있는 비결이다.

〈손편지 명단구성〉
- 상담 후 고객에게만, 신규방문 시, 사과할 때, 첫차 출고객
- 충성고객(10년 이상), 소개 판매에 도움을 주는 고객
- 생일을 맞이한 고객, 고맙고 감사한 고객
- 한 달에 한 명만 선정해서 그 달의 출고객, 50대 중 장년층 고객

cret Sales

OOO 고객님께

고객님 연초 계획했던 일들은 잘 이루고 계신지요.
벌써 2014년도 3월입니다. 연초 계획했던 고객님의 소망들이 꼭 이루어지시길 바라며 안부글을 드립니다.

고객님과의 소중한 첫만남이 아직도 제 눈가에 선합니다.
구입하신 제품을 너무 좋아하셔서 이것저것 물어보던 고객님의 모습에 앞으로 더 잘해야겠다고 저 스스로 다짐도 해봅니다.

봄날의 따스함처럼 고객님 가정에도 행복만이 가득하길 바랍니다.

고객님과의 인연을
언제나 소중하게 생각하는 OOO 올림

OOO 고객님께

옷깃을 여미는 매서운 추위가 가는 듯,
벌써 봄의 따뜻한 기운이 감도는 3월입니다.

고객님과의 소중한 인연을 생각하며 이렇게 글을 써봅니다.

환절기 날씨에는 목감기가 오기 쉽다고 해요. 이럴 때 머플러를 목에 둘러보시는건 어떨까요? 감기예방에 좋다고 합니다.

고객님과의 인연을 항상 소중하게 생각하겠습니다.

건강하세요.

OOO 올림

〈영업활동에서 손편지의 역할〉

- 손편지는 고객의 방문량을 늘려준다.
- 손편지를 활용하면 영업효율을 높일 수 있다.
- 손편지는 40, 50대 고객을 감동시킬 수 있다.
- 손편지는 방문의 도구로 활용할 수 있다.
- 손편지는 거절을 덜 받게 만들거나 거절의 강도를 약화시킨다.
- 편지는 평범한 영업사원을 진실된 최고의 영업사원으로 만들어준다.
- 편지는 휴먼고객이나 가망고객의 인간관계 강화에 효과적이다.

외모관리는 당신이 가지고 있는 세계를 보여주는 것이다.

우리모두는 매일 무대 위에서 완벽해져야 합니다. 그 무대는 각기 다른 모양으로 연출되지만, 저 피채희가 서야 할 무대는 교육생이 있는 강의장이고, 이 책을 선택해주신 세일즈맨들의 무대는 고객을 만나는 그 자리가 무대일 것입니다.

스페인에 가면 유명한 경기가 있습니다. 바로 '투우경기'인대요. 스페인을 여행하는 사람들이라면 꼭 들르는 곳으로도 유명합니다. 그런데 투우경기 마지막에 소와 싸우던 투우사가 실려나갈 때가 간혹 있다고 합니다. 물론 열심히 경기를 치렀지만, 소와 싸우던 투우사가 마지막 순간에 소의 명치 끝을 제대로 정확하게 찌르지 못하면 그 순간 투우사가 실제로 죽을 수도 있습니다. 그 순간을 'Moments of truth'라고 합니다. 즉 풀이하자면 '진실의 순간' 이란 뜻입니다.

절대로 실패를 허용하면 안 되는 일촉즉발의 중요한 순간을 mot 진실의 순간이라고 합니다.

고객과 세일즈맨이 만나는 아주 짧은 시간이라 할지라도 매 순간순간이 '진실의 순간'이 될 수 있습니다. 따라서 고객을 만나는 매 순간 순간마다 최상의 서비스를 제공하는 세일즈맨으로 거듭나시길 바랍니다.

• 도와주신 분들

포토그래퍼   조성재
스튜디오   2020스튜디오
모 델   1) 前 SBS 공채 개그맨
              現 ING 부지점장 강대호
              2) 조용찬

협 찬   1) 스타일리스트 김영미 대표
              2) 신사정장 대표 장정호, 최경준
맞춤정장   sinsatailor.com

마음으로 도움주신 분들
서수경선생님, 이정희선생님, 이하연선생님